LAROUS

inglés

HABLAR

OBJETIVO: RESULTADOS RÁPIDOS

LAROUSSE

EDICIÓN ORIGINAL

Redacción
Claude Le Guyader, Mike Mayor

Coordinación editorial
Cédric Pignon

Corrección
Marie-Odile Martin,
Ronan McErlaine

Secretaria de redacción
Iris Llorca

Concepción gráfica
Jacqueline Bloch

Informática editorial
Philippe Cazabet

Director de colección
Ralf Brockmeier

Agradecimientos a
Simon Strachan

EDICIÓN HISPANÓFONA

**Director editorial para
América Latina**
Aarón Alboukrek

Editor adjunto
Luis Ignacio de la Peña

**Traducción de Larousse
con la colaboración de**
Adriana Santoveña

Coordinación editorial
Verónica Rico

Revisión de Pruebas
Rossana Treviño

**Formación y
composición tipográfica**
Ricardo Viesca

Contenido

Guía de pronunciación

Las siguientes letras y combinaciones de letras no se pronuncian igual que en español:

a puede pronunciarse:

[ɑ:] como en *after*,

[eɪ] como en *name*,

[ɒ] como en *wash*,

[ə] como en el artículo *a*,

[æ] como en *manage*,

[eə] como en *care*.

e puede pronunciarse [e] como en *ten* o [i:] como en *she*. También puede ser muda, como en *finished* ['fɪnɪʃt].

g puede pronunciarse [g] como en *give* o [dʒ] como en *page*. También puede ser muda, como en *night* [naɪt].

h es aspirada en la mayoría de las palabras, como en *hat* [hæt]. De igual modo, puede ser muda como en *hour* ['aʊər].

i puede pronunciarse:

[ɪ] como en *pig*,

[aɪ] como en *nice*,

[ɜ:] como en *bird*.

j se pronuncia [dʒ] como en *John*.

l puede pronunciarse [l] como en *leg* o puede ser muda, como en *half* [hɑ:f].

o puede pronunciarse:

[ɒ] como en *coffee*,

[əʊ] como en *no*,

[u:] como en *move*,

[ʌ] como en *love*,

[ə] como en *tomato*.

q puede pronunciarse [kw] como en *question* o [k] como en *technique*.

r puede pronunciarse [r] como en *rich* o puede ser muda, como en *farm* [fa:m].

s puede pronunciarse [s] como en *miss* o [z] como en *rose*.

La *s* final de los sustantivos en plural y la *s* de los verbos en tercera persona del singular puede pronunciarse [s], como en *cats*, *works*, [z] como en *dogs*, *lives* o [ɪz] como en *houses*, *rises*.

u puede pronunciarse:

> [ju:] como en *music*,
>
> [ʌ] como en *but*,
>
> [ə] como en *surprise*.

w puede pronunciarse [w] como en *wet* o puede ser muda, como en *two* [tu:].

y puede pronunciarse:

> [j] como en *yes*,
>
> [aɪ] como en *cry*,
>
> [ɪ] como en *fifty*.

La combinación *ai* puede pronunciarse [eə] como en *chair* o [eɪ] como en *wait*.

La combinación *au* puede pronunciarse [ɒ] como en *because* o [ɔ:] como en *daughter*.

La combinación *aw* puede pronunciarse [ɒ] como en *saw* o [ɔ:] como en *law*.

La combinación *ee* puede pronunciarse [i:] como en *three* o [ɪə] como en *deer*.

La combinación *ea* puede pronunciarse [i:] como en *tea* o [ɪə] como en *ear*.

La combinación *ow* puede pronunciarse [əʊ] como en *blow* o [aʊ] como en *cow*.

La combinación *oo* puede pronunciarse [u:] como en *food*, [ɔ:] como en *door* o [ʌ] como en *blood*.

La combinación *oy* se pronuncia [ɔɪ] como en *boy*.

La combinación *ou* puede pronunciarse [aʊ] como en *mouse*, [ɔ:] como en *of course*, [ʌ] como en *enough*, o también [u:] como en *through*.

Algunos sonidos no tienen equivalente o bien son raros en español, como:

- las letras *th* que se pronuncian [ð] como en *the*, *this*, *mother* o [θ] como en *three*, *think*, *thank you*.

- las letras *ng* al final, que se pronuncian [ŋ] como en *song* y *morning*.

1. Los saludos

Fórmulas comunes

Estas expresiones pueden emplearse en un contexto cordial; por ejemplo, en una familia huésped, en una pensión, en la oficina o incluso para saludar a desconocidos.

" *Hello.*
Hola/Buenos días."

" *Hi.*
Hola."

" *Hey. (US)*
Hola."

" *Morning/Evening.*
Buenos días/Buenas tardes."

Expresión convencional

Esta forma es preferible en un contexto más formal; por ejemplo, para dirigirse a un cliente o a un superior, o incluso cuando estamos en un hotel o restaurante de lujo.

" *Good morning/Good afternoon/Good evening.*
Buenos días/Buenas tardes/Buenas noches."

⚠ *'Good afternoon'* y *'Good evening'* **se utilizan cuando encontramos a alguien, no cuando nos separamos. En cambio,** *'Good night'* **se utiliza para despedirnos de nuestro interlocutor.**

2. Dirigirse a un grupo

Fórmula común

Esta forma simple es muy conveniente para saludar a una clase, a un círculo de amigos o de colegas:

" *Hi, everyone.*
Buenos días a todos."

Expresión más convencional

En circunstancias más formales (reuniones con personas desconocidas, conferencias, etc.) es preferible utilizar:

" *Good morning/Good afternoon/Good evening,*
ladies and gentlemen.
Buenos días/Buenas tardes/Buenas noches, señoras
y señores."

3. Uso cortés

Fórmulas comunes

Después de saludar a alguien de manera neutral o informal, se acostumbra preguntar cómo le ha ido:

" *How are you?*
¿Cómo estás?/¿Cómo está usted?"

" *How are you doing?*
¿Cómo estás?/¿Cómo está usted?"

" *How are things (with you)?*
¿Qué tal?"

El siguiente diálogo entre dos amigos (David y Gary) es más bien familiar:

David: " *Hi. How are you?*
Gary: *Fine, thanks. And you?*
David: *Not bad, thanks. What are you doing here?*
Gary: *Waiting for John. How about you?*
David: *I'm just on my way home.*"

David: " Hola. ¿Cómo estás?
Gary: Bien, gracias. ¿Y tú?
David: Bien, gracias. ¿Qué haces aquí?
Gary: Espero a John. ¿Y tú?
David: Regreso a casa."

Expresión convencional

El siguiente diálogo se desarrolla en un consultorio médico y, por lo tanto, es más formal:

Receptionist: "Good morning. Can I help you?
Patient: Hello. Yes, I'm here to see Dr Green.
Receptionist: What time is your appointment?
Patient: Ten thirty/Half past ten.
Receptionist: Can I have your name, please?
Patient: Raúl López.
Receptionist: If you'd like to take a seat, I'll tell
                Dr Green you're here.
Patient: Thank you."

Recepcionista: " Buenos días, señor. ¿Puedo ayudarlo?
Paciente: Buenos días. Sí, quisiera ver al doctor
                Green.
Recepcionista: ¿A qué hora es su cita?
Paciente: A las diez y media.
Recepcionista: ¿Cuál es su nombre?
Paciente: Raúl López.
Recepcionista: Tome asiento, por favor. Avisaré al
                doctor que está aquí.
Paciente: Gracias."

4. Las presentaciones

Presentarse

En una fiesta o cena, a menudo basta con decir nuestro nombre de pila.

" Hi/Hello. I'm David.
Hola. Soy David."

" *Hi/Hello. My name's David.*
Hola. Me llamo David."

Presentarse de manera formal

En cambio, en una reunión menos íntima, como en una conferencia o un curso, se acostumbra decir el nombre completo, aun si después basta con mencionar el nombre de pila.

" *Allow me to introduce myself. My name's David Atkins.*
Permítame presentarme. Mi nombre es David Atkins."

Presentar a alguien

Entre amigos o colegas:

" *Anne. Do you know David?*
Anne, ¿conoce usted a David?"

" *Anne. Have you met David?*
Anne, ¿ya le presentaron a David?"

" *Have you two met (before)?*
¿Ustedes dos ya se conocían?"

" *Anne, this is David. David, this is Anne.*
Anne, te presento a David. David, (te presento a) Anne."

" *Anne, this is a friend of mine, David.*
Anne, éste es un amigo mío, David."

Presentar a alguien de manera formal

Cuando presentamos a dos personas que probablemente sólo tendrán una relación profesional, se utilizan formas menos directas.

" *Anne. I'd like you to meet David.*
Anne, me gustaría presentarle a David."

" *Anne. I don't think you've met David, have you?*
Anne, creo que no conoce a David."

" *Anne. Can/May/Could I introduce you to David?*
Anne, ¿puedo presentarle a David?"

" *Anne. Allow me to introduce you/Let me introduce you to David.*
Anne, permítame presentarle a David."

" *Shall I do the introductions?*
¿Puedo presentarlos?"

" *Paul. Would you like me to do the introductions?*
Paul, ¿quieres que los presente?"

Cerciorarse de que todos se han presentado

" *Does everyone know each other?*
¿Todos se conocen?"

" *I think you two have met before.*
Creo que ustedes ya se conocen."

" *Do you all know each other?*
¿Todos ustedes se conocen?"

" *Has everyone been introduced?*
¿Ya todos se presentaron?"

" *Have I missed anyone?*
¿Olvidé a alguien?"

¿Qué responder cuando nos presentan a alguien?

" *Pleased to meet you.*
Encantado de conocerlo (formal)/Mucho gusto (familiar)."

⚠ **Esta forma se utiliza mucho.**

" *I've heard a lot/so much about you.*
He oído hablar mucho de usted."

" *Paul talks a lot about you.*
Paul habla mucho de usted."

" *I think we've met before.*
Creo que ya nos conocemos."

" *Your face looks familiar.*
Su cara me resulta familiar."

" *I'm afraid I don't know your name.*
Perdón, no conozco su nombre."

" *I'm afraid I can't remember your name.*
Perdón, no recuerdo su nombre."

" *May I call you Anne?*
¿Puedo llamarla Anne?"

" *Please call me Anne.*
Por favor, llámeme Anne."

¿Qué decir en presentaciones más oficiales?

" *How do you do?*
Encantada/Encantado."

⚠ *'How do you do?'* **no es una verdadera pregunta y la entonación no sube. Debe responderse** *'How do you do?'*

Por ejemplo:

Muriel:	" *John, this is Sally Green. Sally, John McLeod.*
Sally:	*How do you do?*
John:	*How do you do?*"

Muriel:	" *John, te presento a Sally Green. Sally, John McLeod.*
Sally:	*Encantada.*
John:	*Encantado.*"

⚠ **No hay que confundir la forma** *'How do you do?'* **con** *'What do you do (for a living)?'*, **que quiere decir** *'¿A qué se dedica usted?'*

He aquí otros dos diálogos que ejemplifican presentaciones más bien informales entre dos personas:

Marie:	" *Hi. I'm Marie.*
Lynne:	*Hi. I'm Lynne.*
Marie:	*Nice to meet you.*
Lynne:	*You too.*
Marie:	*So, how do you know David?*
Lynne:	*We used to go to school together.*

Marie:	Oh, right. I've heard a lot about you.
Lynne:	Oh, really? Only good things I hope!"

Marie:	" Hola. Soy Marie.
Lynne:	Hola, yo soy Lynne.
Marie:	Mucho gusto.
Lynne:	Igualmente.
Marie:	¿Y cómo conoces a David?
Lynne:	Fuimos a la misma escuela.
Marie:	Ah, sí. He oído hablar mucho de ti.
Lynne:	¿En serio? Espero que sólo cosas buenas."

El siguiente diálogo reconstruye una conversación en un ámbito profesional:

Ann:	" David. I'd like you to meet a colleague of mine, Daniel White.
David:	Pleased to meet you, Mr White.
Daniel:	Oh, please call me Daniel.
David:	Ok. So Daniel, how long have you been working with Ann?"

Ann:	" David, me gustaría presentarle a un colega, Daniel White.
David:	Encantado de conocerlo, Sr. White.
Daniel:	Por favor, llámeme Daniel.
David:	Muy bien. Daniel, ¿cuánto tiempo lleva usted trabajando con Ann?"

Recibir a los participantes en una reunión

Las siguientes frases permiten dirigirse a un grupo grande:

" Good morning/afternoon/evening, ladies and gentlemen. Thank you all for being here today.
Buenos días/Buenas tardes/Buenas noches, señoras y señores. Gracias a todos por haber venido hoy."

" *I'm pleased to see so many of you here today.*
Estoy encantado de ver a tantos de ustedes aquí."

" *Ladies and gentlemen, could I have your attention please?*
Señoras y señores, ¿podrían prestarme atención, por favor?"

" *Could we make a start, please?*
¿Podemos comenzar, por favor?"

⚠ **En ocasiones se acostumbra dar varios golpecitos en la mesa o a un vaso para llamar la atención del público.**

De manera más espontánea y familiar

" *Hello, everyone, and thanks for coming.*
Buenos días a todos y gracias por venir."

" *Let's make a start.*
Comencemos."

OBSERVACIÓN

En inglés, para dirigirse a compañeros de trabajo, por lo general se les llama por su nombre de pila, incluso cuando se trata de un superior: *'Jane, are the files I left on your desk the ones you asked me for?'* **En cambio, en las presentaciones se acostumbra emplear el nombre completo:** *'Hello, I am Carl James'*, *'This is Guy Dolphin, our chief executive'*, *'Guy, this is Mary Duncan, our new offshore accounts manager'*. **Entre amigos, sólo se utiliza el nombre de pila:** *'Mary, this is Guy. We were at university together'*.

Ponga a prueba sus conocimientos

I. Complete las siguientes oraciones:

1. Hi there. .... are you doing?
2. .... you two met before?
3. .... to meet you.
4. Can I .... you to a friend of mine?
5. Does .... know each other?
6. I don't think you've met Alain, ... you?
7. Your .... looks familiar.
8. I've .... a lot about you.
9. .... me to introduce myself.
10. .... morning. How can I help you?

II. Elija la respuesta correcta para cada pregunta:

1. *How do you do?*
   (a) I'm a teacher.
   (b) How do you do?
   (c) Fine thanks.
   (d) How are things?

2. *Do you two know each other?*
   (a) I'm a friend of Brigitte's.
   (b) Pleased to meet you.
   (c) I don't think we've met before.
   (d) Fine thanks.

3. *Good afternoon. Can I help you?*
   (a) *I'm here to see Mrs Jones.*
   (b) *I don't think we've met before.*
   (c) *I've heard a lot about you.*
   (d) *Fine thanks. And you?*

4. *Hi. How are you?*
   (a) *I'm a friend of Anne's.*
   (b) *How do you do?*
   (c) *What do you do?*
   (d) *Fine thanks. And you?*

5. *Hubert. Would you like to do the introductions?*
   (a) *How do you do?*
   (b) *Certainly. Everyone, I'd like you to meet Anne.*
   (c) *Of course. Carole talks a lot about you.*
   (d) *I don't think we've met before.*

III. Ordene las siguientes oraciones partiendo de la primera:

1. Hi, there.

2. Not bad, thanks.

3. Have you been waiting long?

4. Hi. How are you?

5. Fine, thanks. And you?

6. No. I just got here.

Respuestas:

I. How - Have - Pleased - introduce - everyone/everybody - have - face - heard - Let - Good II. 1b - 2c - 3a - 4d - 5b III. 1 - 4 - 5 - 2 - 3 - 6

Entablar una conversación sencilla

1. Las primeras palabras

🎧 6 Minucias del uso

Con personas desconocidas, es importante elegir un tema de conversación tan neutral como sea posible. En Gran Bretaña, el clima es el tema ideal que todos utilizan para... romper el hielo.

" *It's hot/cold today, isn't it?*
Qué calor/frío hace, ¿no?"

" *I can't believe this weather, can you?*
Qué clima tan increíble, ¿no?"

" *Have you been waiting long?*
¿Hace mucho que espera?"

" *Have you been here before?*
¿Ya había venido antes?"

" *Is this your first time here?*
¿Es la primera vez que viene?"

" *It's nice here, isn't it?*
Se está bien aquí, ¿no?"

" *Do you come here often?*
¿Viene aquí a menudo?"

⚠️ **La última frase se ha vuelto un cliché humorístico en inglés británico. Su interlocutor podría pensar que trata de 'abordarlo'.**

Prolongar la conversación

Si conocemos muy poco a nuestro interlocutor, podemos continuar el diálogo con ayuda de las siguientes preguntas:

" *So, how do you know David?*
Entonces, ¿cómo conoció usted a David?"

⚠ **Observe que comenzar una frase con *'so'* la vuelve menos abrupta.**

" *Whereabouts do you live?*
¿Por dónde vive usted?"

" *Do you work near here?*
¿Trabaja usted cerca de aquí?"

" *Do you go out much?*
¿Sale usted mucho?"

" *What sort of things are you into?*
¿En qué se interesa usted?"

" *Did you see that documentary on TV last night?*
¿Vio usted ese documental anoche por televisión?"

" *Have you seen the news today?*
¿Ya vio usted las noticias de hoy?"

" *How long have you known David (for)?*
¿Desde cuándo conoce usted a David?"

" *What do you do (for a living)?*
¿A qué se dedica usted?"

⚠ **No hay que confundir *'What do you do (for a living)?'* con la pregunta que utiliza el gerundio *'What are you doing?'* (*'¿Qué está usted haciendo?'*).**

La siguiente fórmula permite presentarse a un interlocutor con quien ya se ha iniciado una conversación:

" *By the way, I'm Martin/My name is Martin, by the way.*
Por cierto, me llamo Martin."

He aquí el diálogo entre dos personas que apenas se conocen y se encuentran por casualidad:

Fabricio:	" *Hi. It's Ann, isn't it?*
Ann:	*That's right. Do I know you?*
Fabricio:	*Yeah. Fabricio. We met at Tim's party in the summer.*
Ann:	*Oh, that's right. I thought you looked familiar. How are you?*
Fabricio:	*Fine, thanks. You?*
Ann:	*Fine. Been busy?*
Fabricio:	*Yeah. Just finished my exams.*
Ann:	*Oh, right. Did they go OK?*
Fabricio:	*I think so. Fingers crossed!*"

Fabricio:	" *Hola. Eres Ann, ¿verdad?*
Ann:	*Así es. ¿Te conozco?*
Fabricio:	*Sí. Yo soy Fabricio. Nos conocimos en la fiesta de Tim, en verano.*
Ann:	*Ah, sí. Me parecías conocido. ¿Cómo estás?*
Fabricio:	*Bien, gracias. ¿Y tú?*
Ann:	*Bien. ¿Has estado ocupado?*
Fabricio:	*Sí. Acabo de terminar mis exámenes.*
Ann:	*Qué bien. ¿Y cómo te fue?*
Fabricio:	*Creo que bien. ¡Cruzo los dedos!*"

2. Sostener un diálogo

Demostrar interés o asombro

Para indicar interés o aceptación de lo que dice nuestro interlocutor, podemos utilizar *'Right'*, *'Yes'* o *'Yeah'*, *'OK'*, y también:

" *Go on. (I'm listening.)*
Continúe. (Lo escucho.)"

" *I see.*
Ya veo."

" I know (what you mean).
  Comprendo (lo que quiere decir)."

" You don't need/have to tell me!
  ¡No me diga!"

14

" Tell me about it!
  ¡Dígamelo a mí!"

" You can say that again.
  Tienes toda la razón."

" You poor thing!
  ¡Pobre de ti/vos!"

" How awful/terrible!
  ¡Qué terrible!"

Las siguientes fórmulas permiten alentar al interlocutor a ir más allá en su conversación:

" Then what?
  ¿Y después?"

" And what did she say to that?
  ¿Y qué respondió ella a eso?"

" Then what did you do/say?
  ¿Y después qué hiciste/dijiste?"

" And?
  ¿Y entonces?"

⚠ **Note que 'And?' es aquí una pregunta. Por ello, la entonación debe subir.**

Pueden expresarse diferentes grados de sorpresa con ayuda de las siguientes expresiones: 'Really?', 'Never!', 'I don't believe it!', 'You're kidding/joking!', 'Get away!'. 'No way!', 'Oh, my God!'. Note que 'My God!' es mucho más común en inglés británico que su traducción literal al español '¡Dios mío!'.

🎧 7 ▶ **Pedir explicaciones**

Sin interrumpir a nuestro interlocutor, estas fórmulas indican que hace falta una aclaración o una pausa en el diálogo:

15

" *I'm afraid I don't follow.*
Creo que no entiendo."

" *I'm sorry. I didn't catch your name/I didn't catch what you said.*
Perdone, no oí su nombre/No oí lo que dijo."

" *I'm afraid you've lost me.*
Creo que perdí el hilo."

" *I think I must have misunderstood.*
Creo que entendí mal."

" *I don't think I understood you correctly.*
No creo haberlo entendido bien."

" *I'm afraid my English isn't that good. Could you say that again only this time a bit more slowly.*
Creo que mi inglés no es tan bueno. ¿Podría repetir eso un poco más lento?"

" *Sorry. Would you mind repeating that?*
Perdón. ¿Podría repetir eso, por favor?"

Expresiones familiares

" *What?*
¿Qué?/¿Cómo?"

" *Eh?*
¿Eh?"

Corroborar una opinión

Si lo que dice nuestro interlocutor no basta para entender su parecer, podemos pedirle que sea más preciso con ayuda de estas fórmulas:

" *What/How do you mean?*
¿Qué quiere decir?"

" What does that mean?
¿Qué significa eso?"

" Are you saying we don't have enough time?
¿Quiere decir que no tenemos tiempo suficiente?"

" Do you mean the tall man with blond hair?
¿Se refiere al hombre alto de cabello rubio?"

" So you think I should take the job, do you?
¿Entonces piensa que debería aceptar este trabajo?"

⚠ **La expresión '*do you?*' al final de la oración sirve para animar a nuestro interlocutor a prolongar la conversación. Indica que esperamos una respuesta y, como en el ejemplo anterior, quiere decir '¿por qué?', '¿por qué dice eso?'.**

OBSERVACIÓN

'*I´m afraid...*' y '*I´m sorry*' son expresiones casi obligatorias en inglés británico para abordar o interrumpir a alguien amablemente.

---

3. Volverse a ver

🎧 8 ▸ **Fórmulas de introducción**

He aquí algunas fórmulas para entablar una conversación con un amigo a quien no hemos visto desde hace tiempo:

" How have you been?
¿Cómo has estado?"

" What have you been up to since I last saw you?
¿Qué has hecho desde la última vez que nos vimos?"

" How's work?
¿Qué tal el trabajo?"

" How's the family?
¿Cómo está la familia?"

" Where have you been? I haven't seen you in ages.
¿Dónde has estado? Hace mucho que no te veía."

" Long time no see!
¡Hace siglos que no te veo!"

" Sorry I haven't been in touch. Things have been really hectic.
Perdón por no haberte llamado. He estado muy ocupado."

" I'm glad I've bumped into you. I've been meaning to call you for ages.
¡Qué bueno que nos encontramos! He querido llamarte desde hace mucho."

" Hello, stranger!
¡Qué milagro!"

⚠️ **La expresión *'stranger'* da a entender 'hace mucho tiempo que no te veía'.**

El siguiente es un diálogo entre dos amigos que se encuentran tras una separación. Las preguntas y exclamaciones de John indican que la narración de Peter le interesa, al tiempo que le permiten participar en la conversación.

John: " Hi, there. You look well. Have you been away?
Peter: Yeah. I've just got back from Italy.
John: Wow. How was it?
Peter: Great. I actually won the holiday in a competition.
John: You're kidding!
Peter: No. Didn't cost me a penny; which is just as well given my financial situation.
John: Tell me about it!
Peter: Anyway, I met this girl when I was in Rome.
John: And?
Peter: And she's coming over to visit next week.

John:	Fantastic.
Peter:	There's just one thing.
John:	Go on.
Peter:	She's already got a boyfriend.
John:	I see. So what are you going to do?
Peter:	I'm not sure."

John:	" Hola. Te ves bien. ¿Saliste de vacaciones?
Peter:	Sí, acabo de regresar de Italia.
John:	¡Qué bien! ¿Cómo te fue?
Peter:	Genial. De hecho, gané las vacaciones en un concurso.
John:	¡Estás bromeando!
Peter:	No, no me costó ni un centavo, lo cual es muy bueno dada mi situación financiera.
John:	¡Ni me lo digas!
Peter:	Como sea, conocí a una chica cuando estaba en Roma.
John:	¿Y?
Peter:	Viene a visitarme la próxima semana.
John:	Genial.
Peter:	Sólo hay un problema.
John:	¿Cuál?
Peter:	Ya tiene novio.
John:	Ya veo. ¿Y qué vas a hacer?
Peter:	No estoy seguro."

Ponga a prueba sus conocimientos

I. Complete las siguientes oraciones con la palabra correcta:

1. *What do you .....?*
   - **(a)** *know*
   - **(b)** *want*
   - **(c)** *do*

2. *Have you ..... here before?*
   - **(a)** *gone*
   - **(b)** *come*
   - **(c)** *been*

3. *What have you been ..... to since I last saw you?*
   - **(a)** *in*
   - **(b)** *up*
   - **(c)** *on*

4. *Sorry. I didn't ..... what you said.*
   - **(a)** *agree with*
   - **(b)** *misunderstand*
   - **(c)** *catch*

5. *Would you ..... repeating that?*
   - **(a)** *mind*
   - **(b)** *bother*
   - **(c)** *please*

II. Elija la respuesta correcta para cada pregunta:

1. *And then he asked me to marry him.*
   - **(a)** *You can say that again!*
   - **(b)** *You're kidding!*
   - **(c)** *I know what you mean.*
   - **(d)** *And what did he say to that?*

2. *Have you been here long?*
   (a) *I haven't seen you in ages.*
   (b) *Only for about ten minutes.*
   (c) *Only since about ten minutes.*
   (d) *Only for about ten minutes ago.*

3. *So I've decided it's time for a change.*
   (a) *How do you mean?*
   (b) *How do you do?*
   (c) *What do you do?*
   (d) *Then what did you do?*

4. *How have you been?*
   (a) *I've been to Italy.*
   (b) *How are you?*
   (c) *I see.*
   (d) *Fine thanks.*

5. *So I told her I was going to look for a new job.*
   (a) *You can say that again.*
   (b) *And what did she say to that?*
   (c) *How's work?*
   (d) *Are you saying you like working there?*

Respuestas:

I. *1c - 2c - 3b - 4c - 5a* **II.** *1b - 2b - 3a - 4d - 5b*

Buenos deseos y felicitaciones

1. Felicitar

Fórmulas más comunes

Las fórmulas más comunes y neutrales para cualquier ocasión son:

" *Congratulations!*
¡Felicidades!"

" *Well done!*
¡Bien hecho!"

Con personas conocidas, y de forma más amigable, puede utilizarse:

" *Way to go! (US)*
¡Muy bien!"

" *Nice one!*
¡Bien hecho!"

Las siguientes oraciones van seguidas, por lo general, de un comentario más específico o de una pregunta:

" *I'm so pleased for you.*
Me da tanto gusto por ti/usted."

" *That's great!*
¡Estupendo!"

" *That's wonderful news!*
¡Qué buenas noticias!"

" *You deserve it.*
Te/Se lo mereces/merece."

" *I knew you'd do it.*
Sabía que lo lograrías/lograría."

" *Good for you!*
¡Bien por ti!"

Felicitaciones más protocolarias

En una situación profesional o con alguien que no conocemos bien, es preferible utilizar las siguientes expresiones:

" *I hear (that) congratulations are in order.*
Parece que hay que felicitar."

" *I hear (that) we have something to celebrate.*
Parece que hay razón para celebrar."

" *Congratulations on your engagement.*
Felicidades por su compromiso."

" *I'd like to propose a toast to Jeff.*
Me gustaría proponer un brindis en honor de Jeff."

" *Please raise your glasses to the bride and groom.*
Brindemos por los recién casados."

2. Los buenos deseos

" *Happy birthday.*
Feliz cumpleaños."

" *Many happy returns.*
Feliz cumpleaños."

" *Happy anniversary.*
Feliz aniversario."

⚠ **'*Anniversary*' se utiliza sólo para referirse al aniversario de un acontecimiento, como una boda. Cuando se trata de un cumpleaños, debe utilizarse '*birthday*'.**

A continuación las fórmulas más habituales para los buenos deseos de temporada:

" *Happy New Year.*
Feliz Año Nuevo."

" *Merry Christmas.*
Feliz Navidad."

" *Happy Easter.*
Felices Pascuas."

Ponga a prueba sus conocimientos

I. Complete con ayuda de los ejemplos anteriores:

1. —Pascale! I hear that we have something to
....

2. —Oh. You've .... about the promotion, then.

3. —Yes. The whole office is .... about it.

4. —Oh, ...?

5. —You must be very ....

6. —Well, I wasn't .... it.

7. —Nonsense! You .... it.

8. —Well, ...

9. —I'm so .... for you!

II. Complete con las preposiciones correctas:

1. I hear that congratulations are .... order.

2. Congratulations .... your achievement.

3. I'd like you to raise your glasses .... the bride and groom.

4. Good .... you.

5. Way .... go!

6. I'm so pleased .... you.

III. Complete con el adjetivo correcto:

1. .... Birthday.

2. .... Christmas.

3. .... Easter.

4. .... New Year.

5. Many .... returns.

Respuestas:

I. *celebrate - heard - talking - really - pleased - expecting - deserve - thanks - pleased* **II.** *in - on - to - for - to - for* **III.** *Happy - Merry - Happy - Happy - happy*

Las invitaciones

1. Invitar

Invitar a alguien

Con un colega o alguien poco conocido, se acostumbra plantear la invitación de manera que el interlocutor pueda rechazarla.

> *I was wondering whether you would like to go for a drink next week.*
> *Me preguntaba si te gustaría ir a tomar algo la próxima semana."*

> *You wouldn't be interested in going to the museum by any chance, would you?*
> *¿Por casualidad estaría usted interesado en ir al museo?"*

> *I was thinking we could call on her on the way there. What do you think?*
> *Pensaba que podríamos pasar a visitarla. ¿Qué opina usted?"*

Invitar a un allegado o amigo

Sin ser familiares, las siguientes frases sirven, sobre todo, para situaciones entre personas que ya han salido juntas, por ejemplo a cenar o al cine:

> *Let's go to the cinema (UK)/movies (US).*
> *Vayamos al cine."*

> *Would you like to go for something to eat?*
> *¿Te gustaría ir a comer algo?"*

> *Would you be interested in going to see his new play?*
> *¿Te interesaría ir a ver su nueva obra?"*

" Why don't we invite the neigbours round for a drink?
¿Y si invitamos a los vecinos a tomar algo?"

" Do you want to go for a game of tennis?
¿Quieres/Querés jugar un partido de tenis?"

" Do you fancy meeting up sometime?
¿Te gustaría que nos veamos algún día?"

" What would you say to a nice cup of coffee?
¿Te gustaría tomar un café?"

" Are you free for lunch tomorrow?
¿Estás libre para ir a desayunar mañana?"

" How about a night out?
¿Y si salimos una noche?"

Invitación formal

Las siguientes fórmulas sirven para situaciones más formales:

" Shall we arrange a time for next month's meeting now?
¿Podríamos acordar una hora para la reunión del próximo mes?"

" Would you do me the honour of having dinner with me one evening?
¿Me haría el honor de cenar conmigo una noche?"

2. Responder a una invitación

 ## Aceptar una invitación

Entre amigos o colegas, puede aceptarse una invitación con ayuda de estas expresiones:

" I'd love to.
Me encantaría."

" That'd be lovely.
Con mucho gusto."

" *I look forward to it.*
Será un placer."

" *I wouldn't miss it for anything/for the world.*
No me lo perdería por nada del mundo."

De manera más formal:

" *That's very kind of you. Thank you.*
Es muy amable de su parte. Gracias."

Rechazar una invitación

Entre amigos o colegas, con ayuda de estas fórmulas puede rechazarse una invitación sin decepcionar a la persona que la formuló:

" *Thanks, but I'm afraid I already have something else on that evening.*
Gracias, pero desafortunadamente ya tengo algo que hacer esa noche."

" *I'm afraid I'll be away that week.*
Desafortunadamente estaré fuera esa semana."

" *Sorry, I'm busy on the 24th.*
Lo siento, estaré ocupado el 24."

" *I don't think I'm free that day.*
No creo estar libre ese día."

" *Can we do it some other time?*
¿Podemos dejarlo para otro día?"

" *Can I take a rain check? (US)*
¿Podemos dejarlo para otro día?"

De manera más convencional:

" *I'm afraid I have a prior engagement.*
Desafortunadamente ya tengo un compromiso."

Aplazar la respuesta

Si requerimos más tiempo (para reflexionar, revisar nuestra disponibilidad o consultar a alguien más) antes de dar una respuesta, podemos explicarlo así:

" *Can I get back to you (on that)?*
¿Puedo responderle más tarde?"

" *Let me check my diary first.*
Permítame revisar mi agenda primero."

" *Can I let you know nearer the time?*
¿Puedo avisarle cuando se acerque la fecha?"

" *When do you need to know by?*
¿Cuándo necesita mi respuesta?"

" *I'll check with Robert and get back to you.*
Te llamo después de hablar con Robert."

Dos amigos se citan:

Tim: " *Do you fancy going out for lunch on
Sunday?*
Ann: *Sure. Why not? I haven't got any other
plans.*
Tim: *Great. I'll pick you up at noon. We could
drive to the coast afterwards if you like.*
Ann: *That'd be nice, but I do have to back by
5 o'clock. My sister's coming over.*
Tim: *Don't worry, we'll be back in plenty of time.*
Ann: *OK. See you Sunday, then.*"

Tim: " *¿Te gustaría ir a almorzar el domingo?*
Ann: *Sí, ¿por qué no? No tengo otros planes.*
Tim: *Grandioso. Paso por ti a mediodía. Si quieres
después podríamos ir a la costa.*
Ann: *Estaría bien, pero tengo que regresar a las
cinco. Mi hermana viene de visita.*
Tim: *No te preocupes. Regresaremos a tiempo.*
Ann: *Muy bien. Hasta el domingo, entonces.*"

Dos colegas concertan una cita (note el empleo del nombre):

Steve: " *Kate, I was wondering if you would be free
for a meeting on Friday.*

Kate: What time?

Steve: Around 2 o'clock.

Kate: Let me just check my diary... I'm afraid
            Friday isn't great for me. I have to leave
            at 2.30.

Steve: OK. How about Monday at 10?

Kate: That's still a bit tricky. Could we make it in
            the afternoon?

Steve: Sure. Let's say 4pm.

Kate: Great. See you there.”

Steve: “ Kate, me preguntaba si podría usted ir
            a una reunión el viernes.

Kate: ¿A qué hora?

Steve: Alrededor de las 2.

Kate: Veré mi agenda... Creo que el viernes no es
            el mejor día. Debo irme a las 2:30.

Steve: Bueno. ¿Y el lunes a las 10?

Kate: Tampoco es lo mejor. ¿Podríamos vernos
            en la tarde?

Steve: Claro. Digamos a las 4.

Kate: Estupendo. Hasta el lunes, entonces.”

3. Despedirse

La fórmula más sencilla:

“ Goodbye.
  Adiós.”

Entre amigos o allegados

“ Bye.
  Adiós.”

“ Right. I'm off.
  Bueno, ya me voy.”

“ See you (later)/Catch you later.
  Te veo después.”

" *See you soon.*
Hasta luego."

" *See you around.*
Nos vemos."

De una persona que acabamos de conocer

" *(It was) nice meeting/to meet you.*
Fue un placer conocerlo."

" *See you again sometime.*
Hasta pronto."

En Gran Bretaña, después de despedirse, los amigos o allegados suelen utilizar una de las siguientes fórmulas:

" *All the best.*
Buena suerte."

" *Thanks for coming.*
Gracias por venir."

" *Give my love to Paul.*
Saludos a Paul."

" *Say hello to Laura for me.*
Saludos a Laura."

" *(Have a) safe journey.*
Buen viaje."

" *Take care.*
Cuídate."

" *Look after yourself.*
Cuídate."

⚠ **Las últimas dos expresiones son muy comunes en Gran Bretaña entre amigos o miembros de la misma familia. Representan un equivalente cultural de *'Saludos'* al final de una conversación telefónica, por ejemplo. Si alguien dice *'Take care'*, debe responderse con *'You too'*.**

Dos amigas se despiden después de pasar una tarde juntos:

Jenny: " Right. I have to go now.
Jessica: OK. See you soon.
Jenny: Yeah. Bye. Give my love to Florence.
Jessica: Will do. Take care.
Jenny: You too. Bye.
Jessica: Bye."

Jenny: " Bueno, ya debo irme.
Jessica: Está bien. Hasta pronto.
Jenny: Adiós. Saludos a Florence.
Jessica: Sí. Cuídate.
Jenny: Tú/Vos también. Adiós.
Jessica: Adiós."

Dos hombres de negocios se despiden tras una reunión:

Businesswoman: " Well, Mr Jones. Thanks for
                   travelling up to see us today.
Businessman: My pleasure. Thanks for
                   taking the time to see me.
Businesswoman: No problem. Let me know if
                   you need any more information.
Businesswoman: Will do. See you at the
                   conference in July, then.
Businesswoman: I look forward to it. Have a
                   safe journey back.
Businesswoman: Thanks. Goodbye."

Mujer de negocios: " Bueno, Sr. Jones. Gracias por
                        su visita.
Hombre de negocios: Al contrario. Gracias por su
                        tiempo.
Mujer de negocios: No hay de qué. Hágame saber
                        si necesita más información.
Hombre de negocios: Claro. Nos veremos en la
                        conferencia en julio.
Mujer de negocios: Será un placer. Que tenga un
                        buen viaje de regreso a casa.
Hombre de negocios: Gracias. Hasta pronto."

31

Ponga a prueba sus conocimientos

I. Complete con el verbo correcto:

1. Nice to .... you.

2. .... care.

3. .... my love to Jacques.

4. .... after yourself.

5. .... you soon.

6. Thanks for ....

7. .... a safe journey.

8. .... you later.

9. .... hello to Fabien for me.

10. Let me .... when you're free.

II. Ordene las siguientes oraciones partiendo de la primera:

1. Right. I'm off.

2. Yeah. I'll give you a ring next week. Bye.

3. Will do. See you.

4. Bye.

5. Ok. See you later.

6. Bye. And don't forget to give my love to Claude.

III. Elija la respuesta correcta para cada pregunta:

1. Do you fancy going to Paris next week?

2. Are you still coming to our party?

3. Would you be able to attend the conference on the 23rd?

4. Why don't you and Sue come for dinner next week?

IV. Complete las siguientes oraciones:

1. Would you be interested .... going to the cinema?

2. Look .... yourself.

3. I look .... to it.

4. .... you do me honour of having dinner with me?

Respuestas:

I. meet - Take - Give - Look - See - coming - Have - See - Say - know **II.** 1 - 5 - 2 - 6 - 3 - 4 **III.** I'm afraid I'm busy - I wouldn't miss it for the world - I'm afraid I have a prior engagement - Thanks. I'll check with her and get back to you **IV.** in - after - forward - Would

1. Abordar un tema

Con allegados

Estamos en plena conversación con un amigo que no hemos visto en mucho tiempo. Para dirigir la conversación hacia acontecimientos recientes que queremos compartir con él, podemos utilizar las siguientes fórmulas:

" *Have you heard about Gary?*
¿Ya oíste lo que le pasó a Gary?"

" *Have I told you about our new neighbours?*
¿Ya te conté de nuestros nuevos vecinos?"

" *I can't remember if I've told you what happened at the interview.*
No recuerdo si te conté lo que sucedió en la entrevista."

" *I know what I was going to say. Did you see the news last night?*
Ya sé lo que quería decir. ¿Viste las noticias anoche?"

" *Guess what! I passed my driving test!*
¡Adivina/Adiviná! ¡Aprobé mi examen de conducir!"

" *So, what do you think of the new car?*
Entonces, ¿qué opinas del auto nuevo?"

⚠️ **'So' permite introducir una nueva pregunta de forma natural.**

Estamos leyendo el diario o viendo la televisión y deseamos compartir una noticia con alguien:

" *Hey, listen to this. That new restaurant in town has burnt down.*
Eh, escucha/escuchá esto. Se quemó el nuevo restaurante de la ciudad."

" *Hey, you know what? They want to build a motorway near my parents' house.*
¿Sabes/Sabés qué? Quieren construir una nueva autopista cerca de casa de mis padres."

De manera más formal

En el trabajo o durante un curso, al dirigirse a un grupo o a un cliente, se utilizan expresiones menos directas.

" *I'd now like to talk to you about private pension plans.*
Ahora les hablaré sobre los planes de jubilación individuales."

" *The subject of today's lecture is 'metaphor and imagery'.*
El tema del curso de hoy es 'la metáfora y la imagen'."

" *I'd like to start by talking about time management.*
Me gustaría comenzar hablando sobre la administración del tiempo."

" *The purpose of today's meeting is to discuss resources.*
El propósito de la reunión de hoy es discutir los recursos."

" *The first item on the agenda is our new product launch.*
El primer tema en el orden del día es el lanzamiento de nuestro nuevo producto."

36

(11) Asegurarse de que el discurso es claro

En una reunión o un curso en el que debemos comunicar cierta información, tras haber hablado durante algunos minutos, sin duda desearemos asegurarnos de que nos escuchan y comprenden:

" *Do you see what I mean?*
¿Ve usted lo que quiero decir?"

" *Do you understand what I mean?*
¿Entiende lo que quiero decir?"

" *Do you see what I'm getting at?*
¿Ve usted a dónde quiero llegar?"

" *Am I making sense?*
¿Me explico?"

" *Does that make sense?*
¿Me entiende?"

" *Do you follow what I'm saying?*
¿Me sigue?"

" *Stop me if you don't understand anything.*
Si hay algo que no entiende, dígamelo."

" *Feel free to interrupt if anything doesn't make sense.*
No dude en interrumpirme si algo no queda claro."

37

2. Abreviar y cambiar de tema

Fórmulas comunes

" *All in all, it was a great success.*
En general, fue un verdadero éxito."

" *All things considered, we didn't do too badly.*
Dadas las circunstancias, no nos fue tan mal."

" *Anyway, to cut a long story short, they've decided to move in together.*
En fin, para abreviar, decidieron irse a vivir juntos."

" *What it all boils down to is a need for more time and money.*
Todo se reduce a que necesitamos más tiempo y dinero."

" *When all's said and done, we still don't have the money for the flight to India.*
En pocas palabras, aun no tenemos el dinero para el vuelo a la India."

" *At the end of the day, you've only got yourself to blame.*
A fin de cuentas, no puedes culpar a nadie más que a ti."

Expresiones más convencionales

" *So, to sum up, the majority of the feedback was positive.*
Entonces, para resumir, la mayoría de los comentarios fueron positivos."

" *To summarize, then, more investment at the beginning will save money in the long run.*
Entonces, para resumir, una mayor inversión inicial nos ahorrará dinero en el largo plazo."

" *So, we're all agreed, then, that no further action will be taken.*
Entonces, estamos de acuerdo en que ya no se tomarán acciones."

" *In short, the only viable solution is a number of redundancies.*
En suma, la única solución viable es un determinado número de despidos."

38

Cambiar de tema

Cuando se cambia de tema, se acostumbra avisar al interlocutor. Los siguientes ejemplos se utilizan sobre todo entre amigos.

" *By the way, who was that you were talking to before?*
Por cierto, ¿con quién estabas hablando?"

" *Anyway (UK)/Anyways (US), what are you doing later?*
Como sea, ¿qué harás/harán más tarde?"

" *Before I forget, where did you say she lives?*
Antes de que lo olvide, ¿dónde dices/dice/decís que vive?"

" *While I remember, did you know Marie got (UK)/ has gotten (US) married?*
Ahora que me acuerdo, ¿sabías que Marie se casó?"

" *Incidentally, whatever happened to Julie?*
Por cierto, ¿sabes/sabés qué pasó con Julie?"

" *Talking of holidays, are you going skiing this year?*
Hablando de vacaciones, ¿irás a esquiar este año?"

" *Oh, that reminds me. What time are we supposed to be at (UK)/get to (US) Pierre's?*
Ah, eso me recuerda. ¿A qué hora debemos estar con Pierre?"

Cambiar de tema en un ámbito más oficial

Durante una reunión o una conversación más formal, las expresiones son menos personales e incluyen a los demás participantes. En cierto modo, se les pide permiso para cambiar de tema.

" *I'd now like to move on, if I may, to the second item on the agenda.*
Ahora permítanme pasar al segundo punto de la orden del día."

39

" *Could we now turn to the third section of the report?*
¿Podríamos pasar ahora a la tercera parte del informe?"

" *Now I'd like to talk about the database in more detail.*
Ahora me gustaría profundizar en la base de datos."

" *Let's now look at ways of improving the current system.*
Ahora veamos algunas maneras de mejorar el sistema actual."

" *On a completely different note/point, new regulations will come into effect next month.*
Cambiando por completo de tema, el próximo mes entrarán en vigor nuevas regulaciones."

" *Moving swiftly on, are there any more questions?*
Prosiguiendo rápidamente, ¿hay más preguntas?"

⚠ **En inglés esta última expresión indica que el tema de conversación es molesto o inapropiado. Sin embargo, tiene un sentido humorístico que le impide ser agresiva.**

40

Ponga a prueba sus conocimientos

I. Complete con el verbo correcto:

1. I know what I was .... to say. Have you seen Paul lately?

2. Anyway, to .... a long story short, I handed in my notice.

3. Do you .... what I mean?

4. I'd now like to .... to the next item on the agenda.

5. That .... me. Do you know how much the train costs to Manchester?

6. So, to .... , we are all in favour of expanding.

7. .... what? I'm pregnant!

8. .... free to interrupt if you don't understand anything.

41

II. Elija la pregunta que corresponda a cada respuesta:

1. *It's lovely.*
   (a) Am I making sense?
   (b) Have you heard about Anne?
   (c) So, what do you think about the new house?
   (d) Have I told you about his new girlfriend?

2. *Not really.*
   (a) Stop me if you don't understand anything.

(b) *By the way, is that your brother over there?*

(c) *Could we now turn to the next item on the agenda?*

(d) *Do you see what I'm getting at?*

3. **Yes, Gary told me.**

(a) *Anyway, are you still living with your parents?*

(b) *Talking of work, have you changed jobs yet?*

(c) *Before I forget, did you know it's Julie's birthday tomorrow?*

(d) *By the way, are you going on holiday this year?*

4. **Could I just say something before you do?**

(a) *I'd now like to move on to the next point.*

(b) *What is the next item on the agenda?*

(c) *Does everyone agree with this plan?*

(d) *Would Monday 2pm suit everyone for our next meeting?*

5. **Yes, I think so.**

(a) *Do you have any questions?*

(b) *Does it make sense?*

(c) *While I remember, have you heard that he was made redundant?*

(d) *Why don't we go to Ireland instead?*

Respuestas:

I. *going - cut - know - move on - reminds - sum up/summarize - Guess - Feel* **II.** *1c - 2d - 3c - 4a - 5b*

Dar una opinión

1. Estar de acuerdo

🎧 12 Fórmulas usuales

Para expresar un acuerdo en forma neutral, cuando no hay tensiones ni conflictos, pueden emplearse las siguientes frases. Solas pueden ser un poco abruptas; por ello, suele anteponerse *'Yes'*.

" *That's right.*
Es cierto."

" *You're right.*
Tienes/Tiene/Tenés razón."

" *I agree.*
Estoy de acuerdo."

⚠ Cuidado, ***I am agreeing with you*** quiere decir 'Te digo que estoy de acuerdo contigo', y no 'Estoy de acuerdo contigo'.

" *That's just what I was thinking.*
Eso es justamente lo que estaba pensando."

" *That's just what I was going to say.*
Eso es justamente lo que iba a decir."

Expresar un acuerdo total

Para indicar nuestro apoyo además de nuestro acuerdo, podemos emplear las siguientes frases, que se prestan a casi cualquier contexto:

" *I totally/quite agree.*
Estoy totalmente de acuerdo."

" *I couldn't agree more.*
Estoy completamente de acuerdo."

" *I couldn't have put it better myself.*
Eso es exactamente lo que pienso."

" *Absolutely!*
¡Totalmente de acuerdo!"

⚠ **'Absolutely!'** es una expresión muy familiar. En este contexto, debe insistirse en la tercera sílaba: **'AbsoLUTEly !'**

Entre amigos o allegados

" *You can say that again!*
¡Dímelo/Decímelo a mí!"

" *You're right there!*
¡Tienes/Tenés razón!"

" *You're not wrong!*
¡Tienes/Tenés razón!"

" *Hear, hear!*
¡Estamos de acuerdo!"

⚠ **Los miembros de la Cámara de los Comunes en Londres ('*House of Commons*') utilizan esta última expresión para indicar su acuerdo o apoyo, pero fuera de este contexto, suele ser humorística.**

44

En un ámbito profesional

" *We seem to be thinking along the same lines.*
Parece que seguimos la misma lógica."

" *I think we are more or less on the same wavelength.*
Creo que estamos más o menos en la misma longitud de onda."

" *We are clearly of the same mind.*
Claramente estamos de acuerdo."

13 Expresar un acuerdo parcial

Si no estamos completamente de acuerdo con alguien, podemos expresarlo con ayuda de las siguientes frases:

" *I agree up to a point.*
Estoy de acuerdo hasta cierto punto."

" *I'd go along with most of what you say.*
Estaría de acuerdo con mucho de lo que dice."

" *I suppose/guess (so).*
Es posible."

" *I think so.*
Eso creo."

⚠ *'I think'* y *'I don't think'* **nunca se usan solos. Siempre se antepone** *'so'*, **como en los ejemplos anteriores, o una proposición, como en** *'I think/I don't think he went'*.

Consentir

Las siguientes frases se emplean en general para darle a alguien permiso de hacer algo.

" *That seems fair (enough).*
Me parece aceptable."

" *That sounds like a good idea.*
Me parece una buena idea."

" *What a good idea!*
¡Qué buena idea!"

Expresiones familiares

Para expresar nuestro acuerdo en un diálogo informal, podemos utilizar *'Sure'* o *'OK'*, que a menudo van seguidos de palabras de aliento como *'Why not?'* o *'I'm right behind you'*.

45

2. Estar en desacuerdo

Desacuerdo moderado

Las siguientes frases son adecuadas cuando el desacuerdo es poco susceptible de traer consecuencias graves, ya sea porque el tema no es muy importante o porque nos encontramos en una posición de autoridad:

" *I'm afraid I don't agree.*
No estoy de acuerdo."

" *I'm afraid I can't agree with you on that.*
Lo siento, pero no estoy de acuerdo en eso."

" *I think you're wrong.*
Creo que usted se equivoca."

" *I think you must be mistaken.*
Creo que usted se equivoca."

⚠️ **En inglés británico, se acostumbra expresar un desacuerdo de la manera más diplomática e impersonal posible. Note que las expresiones como *'I'm afraid...'*, *'I think...'*, son más importantes en el nivel social que en el semántico.**

46

Desacuerdo completo

" *I totally disagree (with you).*
Estoy en total desacuerdo (con usted)."

" *You couldn't be more wrong.*
Te equivocas completamente."

" *That couldn't be further from the truth.*
Eso es completamente falso."

Desacuerdo formal

Si nuestro interlocutor es alquien a quien no podemos convencer, podemos utilizar las siguientes frases para expresar nuestro desacuerdo:

" With all due respect, I think you're wrong.
Con todo respeto, creo que se equivoca."

" I think we will have to agree to differ on this point.
Creo que no podremos ponernos de acuerdo en este punto."

" I beg to differ.
Permítame expresar mi desacuerdo."

Desacuerdo parcial

Para indicar a nuestro interlocutor que comprendemos su punto de vista, pero no lo aprobamos, podemos emplear las siguientes frases:

" I take your point, but how would we pay for all those changes?
Lo comprendo, ¿pero quién pagaría por todos esos cambios?"

" I see what you mean, but I still think that the first suggestion was better.
Entiendo lo que quiere decir, pero sigo creyendo que la primera idea era mejor."

" That's all very well, but someone has to tell her.
Todo eso está muy bien, pero alguien tendrá que decírselo."

⚠ **Es importante mostrar que aceptamos o comprendemos la opinión de nuestro interlocutor antes de expresar nuestras reservas o nuestro desacuerdo.**

Expresar reservas

" Do you really think that's a good idea?
¿En verdad crees/cree/creés que es una buena idea?"

" I'm not sure that's such a good idea.
No estoy seguro de que sea una buena idea."

" I wouldn't have put it quite like that.
Yo no lo veo de ese modo."

47

Expresiones familiares

" *No way!*
¡De ninguna manera!"

" *You must be joking!*
¡Estás bromeando!/¡Bromeás!"

" *You can't be serious.*
¡No es cierto!"

" *Come off it!*
¡Vamos!"

Evitar los conflictos

Cuando no estamos de acuerdo con nuestro interlocutor, es útil destacar que sólo es sobre un punto, con el fin de continuar el diálogo. En este caso, pueden servir las siguientes frases:

" *I think we'll just have to agree to disagree on this point.*
Creo que será imposible que nos pongamos de acuerdo en este punto."

" *You are, of course, entitled to your opinion.*
Por supuesto, usted tiene derecho a tener su opinión."

" *Let's concentrate on the areas where we agree.*
Concentrémonos en nuestros puntos de acuerdo."

" *I hear what you're saying.*
Lo comprendo."

⚠ **Esta expresión, que pertenece al lenguaje de los negocios, quiere decir que comprendemos el punto de vista de nuestro interlocutor, pero dando a entender que no lo compartimos.**

3. Hacer una sugerencia precisa

" *Why don't we just start again?*
¿Por qué no comenzamos de nuevo?"

" Let's go for a walk.
Demos un paseo."

" How about going for a walk?
¿Y si damos un paseo?"

" What if we put it the other way round?
¿Y si lo vemos de otra manera?"

" Try putting it the other way round.
Trata/Traten de verlo de otra manera."

" Can I make a suggestion?
¿Puedo sugerir algo?"

" I suggest we wait another week before doing anything.
Sugiero que esperemos otra semana antes de actuar."

Hacer una sugerencia discreta

" I think we should just tell her.
Creo que simplemente deberíamos decírselo."

" If you ask me, you should give him another chance.
En mi opinión, deberíamos darle otra oportunidad."

" If I were you, I'd go to the police.
En tu lugar, iría a la policía."

" You could always try calling them.
Siempre puedes tratar de llamarlos."

" Have you ever thought about moving a little closer to work?
¿Alguna vez has pensado vivir más cerca de tu trabajo?"

" If I might make a suggestion...
Si pudiera sugerir algo..."

4. Confirmar una circunstancia

" *Am I right/Would I be right in thinking you used
to go to school with my sister?*
*¿Me equivoco si creo que ibas a la escuela con mi
hermana?*"

" *I assume these figures have been checked?*
Supongo que ya se revisaron estas cantidades."

" *I take it no one told you about this.*
Supongo que nadie te/se lo dijo."

" *For the sake of argument, let's say the initial cost
is one million euros.*
*Supongamos que el costo inicial es de un millón de
euros.*"

5. Convencer al interlocutor

En el ámbito de una conversación formal
o una reunión

" *Believe me, this won't work.*
Créame, esto no va a funcionar."

" *Trust me, I know what I'm talking about.*
Confíe en mí, sé de lo que estoy hablando."

" *Take it from me, we will never get them to agree
to this.*
*Le aseguro que nunca obtendremos su
consentimiento.*"

" *Let me put it another way.*
Lo plantearé de otra manera."

" *What I'm trying to say is, let's not jump to any
conclusions.*
*Lo que trato de decir es que no saquemos
conclusiones apresuradas.*"

" *If you'll just give me chance to explain.*
Permítame explicarle."

" *There's no doubt in my mind that his suggestion is the best.*
No tengo duda alguna de que esta idea es la mejor."

" *I do think we need to look at their proposal again.*
En verdad creo que debemos estudiar de nuevo la propuesta."

⚠ **Aquí el verbo auxiliar sirve para reforzar lo que se afirma, de allí la traducción 'en verdad'.**

Expresiones más directas

" *Come on! You know I'm right.*
¡Vamos! Sabes/Sabés que tengo razón."

" *Stop being so difficult/stubborn!*
¡No seas tan testarudo/terco!"

" *Why are you being difficult?*
¿Por qué te gusta complicar las cosas?"

" *(Will you) try listening to someone else for a change!*
¿Podrías escuchar a los demás, por esta vez?"

" *Just listen, will you!*
¡Sólo escucha!"

51

Ponga a prueba sus conocimientos

✎ I. Complete con la palabra correcta:

1. *I suppose ....*

2. *I .... agree more.*

3. *With all due .... , I think you're wrong.*

4. *I .... to differ.*

5. *I'm .... I don't agree.*

6. *If I .... you, I'd ask him again.*

7. *How .... going for a drink?*

8. *................... it from me, you're making a big mistake.*

✎ II. Complete las siguientes oraciones:

1. **That's all ..... well, but how are we going to pay for it?**
   (a) *too*
   (b) *really*
   (c) *very*
   (d) *quite*

2. **..... I don't agree.**
   (a) *I'm afraid*
   (b) *I think*
   (c) *I believe*
   (d) *Excuse me*

3. **That couldn't be ..... from the truth.**
   (a) *more*
   (b) *greater*
   (c) *further*
   (d) *longer*

4. **Why are you ..... so difficult?**
   (a) *be*
   (b) *being*
   (c) *are*
   (d) *doing*

5. **Why ..... ask Sally to help you?**
   (a) *do*
   (b) *don't*
   (c) *aren't*
   (d) *not*

Respuestas:

I. *so - couldn't - respect - beg - afraid - were - about -*
Take **II.** *1c - 2a - 3c - 4b - 5d*

1. Iniciar una reunión

Dar la bienvenida

Para recibir a los participantes en una reunión o conferencia, por ejemplo, puede utilizarse una de las siguientes frases.

" *Good morning/afternoon/evening ladies and gentlemen.*
Buenos días/Buenas tardes/noches señoras y señores."

" *Thank you all for being here today.*
Les agradezco haber venido hoy."

" *Thank you for coming.*
Gracias por venir."

" *I'm pleased to see so many of you here today.*
Estoy encantado de ver a tantos de ustedes aquí."

Saludar de manera más familiar

" *Hello, everyone. Thanks for coming.*
Hola a todos. Gracias por venir."

Confirmar la presencia de los participantes

Para cerciorarnos de que no falta nadie, podemos plantear las siguientes preguntas:

" *Is everyone here?*
¿Todos están aquí?"

" *Is there anyone still to come?*
¿Aún falta alguien por llegar?"

" *Is anyone missing?*
¿Falta alguien?"

Llamar la atención de los participantes

Los participantes discuten mientras esperan que comience la reunión. Las siguientes frases sirven para llamar su atención:

" *Thank you, ladies and gentlemen.*
Por favor, señoras y señores."

" *Could/Can I have your attention, please?*
Su atención, por favor."

" *Could/Can we make a start now, please?*
¿Podemos comenzar, por favor?"

" *So, if everyone is here, shall we begin?*
Si ya llegaron todos, ¿podemos comenzar?"

2. Tomar la palabra en un grupo

Pedir la palabra en un grupo

La discusión ya comenzó y tenemos algo que decir. Aun cuando no interrumpamos a nadie, es importante avisar que vamos a exponer una idea para que los demás nos escuchen.

" *Can/Could/May I say something?*
¿Puedo decir algo?"

" *I'd like to say a few words if I may.*
Me gustaría decir unas palabras, si me lo permiten."

" *I'd like to go back to something you said earlier.*
Me gustaría retomar algo de lo que usted dijo."

" *If I could just add to what Janet said.*
Me gustaría agregar algo a lo que dijo Janet."

Invitar a alguien a tomar la palabra

El tema del debate ya fue introducido. Puede alentarse a los participantes con ayuda de las siguientes frases:

" *So, who'd like to begin?*
Entonces, ¿a quién le gustaría comenzar?"

" *Anne, what do you think?*
¿Qué piensas, Anne?"

" *Would anyone else like to say something?*
¿Alguien quisiera agregar algo?"

" *Does anyone else have any comments?*
¿Alguien más tiene algún comentario?"

" *I'd like to get everyone's reaction, starting with Carol.*
Me gustaría saber lo que todos piensan, comenzando por Carol."

" *Pedro, would you like to kick off?*
Pedro, ¿te gustaría comenzar?"

⚠ **En un contexto formal, '*Would you... ?*' es una invitación, más que una pregunta. Por ello, para rechazarla conviene utilizar las siguientes fórmulas: '*I'd love to but I really have to...*', '*I'm afraid I really can't because...*' o '*Unfortunately, I'll have to decline because...*'.**

🎧 ⟨14⟩ Interrumpir la discusión

Si ningún silencio nos permite decir lo que tenemos que decir, es necesario interrumpir a los demás participantes. He aquí algunas frases para lograrlo amablemente.

57

" *I'm sorry to interrupt, but could I just say something?*
Perdone que lo interrumpa, pero me gustaría decir algo."

" *If I may just interrupt for a second.*
¿Podría interrumpir un momento?"

" *If I could just make a point here.*
Me gustaría hacer una observación."

" *Before you go on, could I just add something?*
Antes de que continúe, ¿podría agregar algo?"

" *Sorry, Antonio. Can I just stop you there?*
Perdón, Antonio. ¿Podrías detenerte ahí?"

Expresiones familiares

Las siguientes fórmulas deben evitarse con un cliente o un superior.

" *Sorry to butt in, but could I just say something?*
Perdona que te interrumpa pero me gustaría decir algo."

" *Hang on (a minute/second).*
Espera (un momento)."

" *Hold on (a minute/second).*
Espera (un momento)."

OBSERVACIÓN

En una reunión dirigida por alguien que responde a las preguntas del grupo, se acostumbra levantar la mano para pedir la palabra.

---

3. Organizar el discurso

Estructurar el discurso

" *Firstly, there is no budget for this extra stage.*
And secondly, we simply don't have the time.
En primer lugar, no hay presupuesto para esta etapa suplementaria. En segundo lugar, simplemente no tenemos tiempo."

" On the one hand we don't really have any
vacancies, but on the other (hand) she would be
an asset to the department.
Por una parte, no tenemos vacantes, pero por otra
(parte), ella sería un elemento muy útil para el
departamento."

" And another thing, who is going to take overall
charge of the project/department?
Y otra cosa, ¿quién será el responsable general del
proyecto/departamento?"

" And finally, I should say something about our
plans for the future.
Finalmente, debo hablar de nuestros planes a futuro."

Controlar el debate

Las siguientes frases permiten indicar a los participantes en un debate que se están alejando del tema.

" I think we're getting away from the main point of
this meeting.
Creo que nos estamos alejando del tema central de
esta reunión."

" Let's not get distracted by less important
matters.
No permitamos que cuestiones de menor importancia
nos distraigan."

" If we could just bring the discussion back to the
subject in hand.
¿Podríamos regresar a nuestro tema?"

" Could we leave that discussion for another time/
day?
¿Podríamos dejar ese asunto para otra ocasión/otro
día?"

" I take your point, but I don't think it's relevant to
this discussion.
Tiene usted razón, pero no creo que sea pertinente en
este debate."

59

" *Can we move on?*
¿Podríamos continuar con el tema?"

" *Time is running short so I'd like to press on.*
El tiempo se acaba, así que continuemos con nuestro tema."

" *I think we should move on and come back to that point at the end if we have time.*
Creo que deberíamos continuar. Regresaremos a ese punto si nos queda tiempo."

Llamar la atención

Durante un curso, en ocasiones es necesario pedir la atención de los participantes:

" *Could I please have everyone's attention?*
¿Podrían prestarme atención?"

Si alguien discute en lugar de escuchar a quien tiene la palabra, podrían necesitarse expresiones más firmes:

" *Did you want to say something?*
¿Tiene usted algo que decir?"

" *Gentlemen, do you mind?*
Señores, por favor."

Concluir un debate

Al final de un debate, las siguientes frases nos permiten corroborar que todos han hablado y concluir.

" *Does anyone have anything else to add?*
¿Alguien quiere agregar algo?"

" *I think that just about covers everything.*
Creo que eso es todo lo que tenemos que decir."

" *Shall we leave it there?*
¿Ya terminamos?"

" *If no one has anything else to add, I'll bring this meeting to a close.*
Si nadie tiene nada que agregar, podemos terminar esta reunión."

Agradecer a los participantes

" *Thank you all for coming.*
Gracias a todos por venir."

" *Thank you all for your attention.*
Gracias a todos por su atención."

" *Thank you. That was a very useful meeting.*
Gracias. Esta reunión fue muy provechosa."

" *I'll have a copy of the minutes sent to everyone.*
Todos recibirán las minutas de la reunión."

61

Ponga a prueba sus conocimientos

I. Complete con la preposición correcta:

1. *What is your take ..... this?*
   (a) *for*
   (b) *in*
   (c) *on*
   (d) *to*

2. *Thank you all ..... being here today!*
   (a) *for*
   (b) *in*
   (c) *on*
   (d) *to*

3. *Can I butt ..... here?*
   (a) *for*
   (b) *in*
   (c) *on*
   (d) *to*

 ## II. Complete con el verbo correcto:

1. *If I could just .... a point here.*

2. *I .... your point, but I don't think it is relevant here.*

3. *I'd like to .... back to something you said earlier.*

Respuestas:

I. *1c - 2a - 3b* **II.** *make - take - go*

Situaciones
Encuentros en el ámbito profesional

1. Entrevistas de trabajo

🎧 15 **Hablar de uno mismo**

Al inicio de la entrevista, a menudo nos piden hablar de nuestros estudios y detallar nuestra experiencia.

" *I was born and brought up in Caracas.*
Nací y me crié en Caracas."

" *I'm originally from León, but I haven't lived there since 1990.*
Soy originario de León, pero no he vivido allí desde 1990."

" *I'm married/single.*
Soy casado/soltero."

" *I have two children.*
Tengo dos hijos."

" *I've been living in London for seven years.*
Llevo siete años viviendo en Londres."

" *I moved here three months ago.*
Me mudé aquí hace tres meses."

Describir nuestras cualidades

" *I've always been a very organised person.*
Siempre he sido una persona muy organizada."

" *I think I'm good at dealing with people.*
Creo que soy bueno para tratar con la gente."

" *I'm a team player.*
Sé trabajar en equipo."

" *I keep a cool head in a crisis.*
Permanezco tranquilo en una crisis."

" *I'd like to think that I'm a good listener.*
Creo que sé escuchar a los demás."

" *I think my track record speaks for itself.*
Creo que mi experiencia habla por sí sola."

Hablar de nuestros estudios

" *I went to school in Bath.*
Fui a la escuela en Bath."

" *I studied mainly scientific/arts subjects at school.*
En la escuela llevé sobre todo materias de ciencias/humanidades."

" *I left school with a baccalaureate specialising in languages.*
En el bachillerato me especialicé en lenguas."

" *I got a distinction for my English oral.*
Obtuve una mención por mi inglés oral."

" *I played basketball for the school team.*
Formaba parte del equipo de basquetbol del bachillerato."

" *After leaving school, I went to Manchester University to study economics.*
Después del bachillerato, estudié economía en la Universidad de Manchester."

" *As part of my course, I spent a month studying at a university in Germany.*
Como parte de mis estudios, pasé un mes en una universidad alemana."

" *I graduated in law in 2001.*
Me gradué en derecho en 2001."

" *After graduating, I stayed on to do a masters/PhD.*
Después de graduarme, hice una maestría/un doctorado."

⚠ **'PhD'** se pronuncia **'P'-'H'-'D'**.

64

Hablar de nuestra experiencia profesional

En una entrevista de trabajo, estas frases nos permitirán proporcionar una información más amplia sobre nuestros empleos anteriores:

" *I had a number of part-time jobs while I was at university.*
Tuve varios trabajos de medio tiempo mientras estudiaba."

" *As part of my studies, I had work experience with an Argentinian company in London.*
Como parte de mis estudios, trabajé en una compañía argentina en Londres."

" *On leaving university, I went to work for a Swiss bank.*
Cuando terminé mis estudios, trabajé para un banco suizo."

" *I have been in my current job just over two years.*
Llevo poco más de dos años en mi empleo actual."

" *I am currently in charge of a team of six people.*
Estoy a cargo de un equipo de seis personas."

" *I have been in publishing/the retail business for almost ten years.*
Llevo casi diez años trabajando en edición/en ventas a particulares."

Exponer nuestros motivos

Nuestro futuro empleador deseará saber qué nos interesa de un empleo. Las siguientes frases pueden ayudarnos a responder:

" *I like working/I like to work as part of a team.*
Me gusta trabajar en equipo."

65

" *I am particularly interested in the travelling that comes with the job.*
Lo que me interesa particularmente de este empleo son los viajes."

" *I enjoy my current job but I'm looking for a new challenge.*
Me gusta mi trabajo actual, pero estoy buscando nuevos retos."

" *I am looking to move out of teaching and into business.*
Busco dejar la enseñanza para trabajar en una empresa."

" *I think I have all the necessary skills and qualifications for this position.*
Creo que reúno las capacidades y condiciones necesarias para este empleo."

" *My current contract comes to an end next month.*
Mi contrato termina el próximo mes."

🎧16 Hablar de nuestros hobbies

En Inglaterra y Estados Unidos, las actividades que practicamos fuera del trabajo se consideran importantes. Hablar brevemente de ellas al final de una entrevista permite que nuestro empleador nos conozca un poco mejor:

" *I like swimming and football.*
Me gustan la natación y el fútbol."

" *I love foreign travel.*
Me encanta viajar al extranjero."

" *I read a lot.*
Leo mucho."

" *I enjoy going to the theatre.*
Me gusta ir al teatro."

" *I've been interested in modern art ever since school.*
Me interesa el arte moderno desde que iba a la escuela."

" *I'm currently going to night school to learn conversational English.*
Por las noches tomo cursos de conversación en inglés."

" *I go trekking/cycling/horse-riding most weekends.*
Casi todos los fines de semana voy de excursión a pie/en bicicleta/a caballo."

Preguntar durante una entrevista

Al final de una entrevista, se acostumbra preguntar al candidato si tiene dudas. He aquí algunos ejemplos:

" *Could you tell me a little more about the job?*
¿Podría hablarme un poco más sobre el empleo?"

" *What would my responsibilities be exactly?*
¿Cuáles serían exactamente mis responsabilidades?"

" *Who would I be reporting to?*
¿Quién sería mi superior inmediato?"

" *Is there a company pension scheme?*
¿Ofrece la empresa algún plan de retiro?"

" *Is this a non-smoking office?*
¿Se permite fumar en esta oficina?"

" *Is it a short-term or a permanent contract?*
¿Es éste un contrato de corto plazo o permanente?"

" *Do you operate a bonus scheme?*
¿Ofrecen primas a sus empleados?"

" *What are the normal working hours?*
¿Cuál es el horario normal de trabajo?"

" *How many days holiday would I get a year?*
¿Cuántos días al año tendría de vacaciones?"

A continuación un ejemplo de entrevista de trabajo:

Interviewer: " *So, maybe you could start by telling me a little about yourself.*

Candidate: *Well, I studied English at León University.*

Interviewer: *Which would explain why your English is so good.*

Candidate: *Thank you. I actually spent a year in America as part of my course.*

Interviewer: *Oh, really?*

Candidate: *Yes, I had work experience at the Mexican embassy in New York.*

Interviewer: *How was that?*

Candidate: *I had a great time. And I think I learned a lot about working as part of a team.*"

Entrevistador: " *Tal vez podría comenzar hablándome un poco sobre usted.*

Candidato: *Estudié inglés en la Universidad de León.*

Entrevistador: *Eso explica por qué su inglés es tan bueno.*

Candidato: *Gracias. De hecho, pasé un año en Estados Unidos como parte de mis estudios.*

Entrevistador: *Ah, ¿sí?*

Candidato: *Sí, estuve trabajando en la embajada mexicana en Nueva York.*

Entrevistador: *¿Y cómo le fue?*

Candidato: *Muy bien, y creo que aprendí mucho sobre el trabajo en equipo."*

2. En el trabajo

Exponer ideas y ofrecer consejos o ayuda

" *I hope my experience will be of some benefit.*
Espero que mi experiencia sirva de algo."

" *From past experience, I'd say you'll need a lot*
longer to finish the first stage.
De acuerdo con mi experiencia anterior, tomará
mucho más tiempo completar la primera etapa."

" *Experience tells me that things don't always go*
as smoothly as planned!
La experiencia me ha enseñado que las cosas no
siempre salen como se ha planeado."

" *I seem to remember the same thing happening*
in my last job.
Creo que ocurrió lo mismo en el lugar donde
trabajaba antes."

" *If I can be of any help, please don't hesitate*
to ask.
No dude en consultarme si cree que puedo serle de
ayuda."

Reconocer nuestra falta de experiencia o de ideas

" *I should say at the outset that I don't have much*
experience in this field.
Debo decir desde ahora que no tengo mucha
experiencia en este campo."

" *I'm afraid project management isn't really my*
thing.
Creo que la administración de proyectos no es mi
fuerte."

" *I'm afraid I don't have anything (else) to add to what has already been said.*
Creo que no tengo nada (más) que agregar a lo que ya se dijo."

" *I'm afraid you're asking the wrong person here!*
Temo que se dirige usted a la persona equivocada."

Trabajar en equipo

" *I think our discussions show that we share the same goals.*
Creo que nuestras discusiones muestran que tenemos los mismos objetivos."

" *It looks like our particular experiences will compliment each other.*
Parece que nuestras experiencias individuales se complementarán."

" *I have a good feeling about this.*
Pienso que todo esto es muy positivo."

" *I think this collaboration will be to our mutual benefit.*
Creo que esta colaboración será provechosa para ambos."

" *You scratch my back and I'll scratch yours!*
¡Favor con favor se paga!"

⚠ **Esta expresión idiomática implica actividades ilegales y por tanto se utiliza en forma humorística.**

" *I do hope we will be able to work together on this exciting project.*
En verdad espero que podamos trabajar juntos en este interesante proyecto."

⚠ **El verbo auxiliar se utiliza para reforzar el verbo que acompaña, de allí la traducción 'en verdad':** *'I did think it was strange when I heard that'*. **('Cuando escuché eso, en verdad me pareció extraño'.)**

Buscar contactos

" *Do you know any good proofreaders?*
¿Conoce usted buenos correctores?"

" *I don't suppose you'd know where I could find an electrician at short notice, would you?*
¿Por casualidad sabe usted dónde puedo encontrar un electricista rápidamente?"

" *Paul mentioned that you might have the number of a good temping agency.*
Paul me dijo que probablemente conozcas el número de una buena agencia de empleo temporal."

" *I'm looking for a new secretary. Do you know (of) anyone?*
Busco una nueva secretaria. ¿Sabes de alguien?"

3. El lenguaje de los negocios

Exponer una idea

" *The main aim of the research was to develop new marketing techniques.*
El objetivo principal de la investigación fue desarrollar nuevas técnicas de mercadeo."

" *Our aim is to reduce absenteeism significantly by the end of the year.*
Nuestro objetivo es reducir el ausentismo de manera significativa de aquí a fin de año."

" *Our aims here are twofold/threefold.*
Tenemos un doble/triple objetivo."

71

" *We need to consider a number of different issues.*
Debemos abordar varias cuestiones."

" *One of the main problems is how to spend less.*
Uno de los principales problemas es cómo reducir los gastos."

" *I'd like to flag a number of points for discussion.*
Me gustaría destacar varios puntos que debemos tratar."

" *We need to have reached a decision on the following points by the end of this meeting.*
Debemos haber resuelto los siguientes puntos para el final de la reunión."

" *All comments are, of course, welcome.*
Por supuesto, cualquier comentario será bienvenido."

Estructurar un argumento

" *The first thing to consider/mention is the impact this will have on other departments.*
Lo primero que debemos considerar/mencionar son las consecuencias para los demás departamentos."

" *Firstly, we'll have to decide on a colour scheme. And secondly, we'll have to find someone to actually do the work.*
Para empezar, debemos elegir un color. Para seguir, debemos encontrar a alguien que haga el trabajo."

" *To begin with we'll have to make do with the existing machinery.*
Para comenzar, tendremos que conformarnos con las máquinas que tenemos."

" *Initially, we'll have to do the editing ourselves.*
Inicialmente, tendremos que ocuparnos de la redacción nosotros mismos."

72

" *Before anything else can happen we will have to get approval from the board.*
Antes de cualquier otra cosa, tendremos que obtener la autorización de la mesa directiva."

" *On the one hand we need more staff. But on the other hand we don't have a budget to pay them.*
Por una parte, necesitamos más personal. Pero por la otra, el presupuesto no nos permite pagarlo."

" *The next point I'd like to mention is the issue of timekeeping.*
También me gustaría hablar de los retrasos."

" *Following on from this, does anyone know how much longer the work is going to take?*
Y ahora, ¿alguien sabe cuánto tiempo más tomará el trabajo?"

" *And finally, we come to the subject of this year's bonus.*
Finalmente, llegamos al tema de la prima anual."

Plantear dudas

" *Are you sure those figures are right?*
¿Está usted seguro de que las cantidades son correctas?"

" *Are you sure of your facts?*
¿Está usted seguro de lo que afirma?"

" *I think that point is debatable.*
Creo que ese punto es discutible."

" *I'll need more convincing before I give it the go-ahead.*
Tendrán que convencerme para que dé el visto bueno."

" *I have serious doubts about some of the assumptions you are making.*
Algunas de sus suposiciones me parecen poco creíbles."

" What do you mean by 'cutting a few corners'?
¿Qué entiende usted por 'tomar atajos'?"

" Could you expand on that a little?
¿Podría usted profundizar en eso?"

" I don't think the figures add up.
No creo que estas sumas estén correctas."

Convencer al interlocutor

" I can't stress the importance of this decision
enough.
No puedo destacar suficientemente la importancia de
esta decisión."

" Just try to see this from my point of view.
Sólo trata de ver las cosas desde mi perspectiva."

" Just hear me out.
Escúchame/escúchenme hasta el final."

" Just let me explain how I see things working.
Permítame/permítanme explicar cómo veo las cosas."

" OK. Let me put it another way.
Está bien. Voy a decirlo de otra manera."

" I'm totally convinced this is the right way to do
things.
Estoy totalmente convencido de que ésta es la
manera correcta de actuar."

" Trust me on this one.
Confía/confíen en mí en este punto."

" Believe me. I know what I'm talking about.
Créeme/créanme. Sé de qué estoy hablando."

OBSERVACIÓN

En Gran Bretaña los *'A-levels'* corresponden al bachillerato. Los exámenes de licenciatura se califican con base en porcentajes y con las siguientes notas: *'III'* (pronunciada *'third'*) *'IIii'* o *'2.2'* (pronunciada *'two two'*), *'IIi'* o *'2.1'* (pronunciada *'two one'*) y *'I'* (pronunciada *'first'*). Los diferentes diplomas universitarios en ciencias humanas son el *'BA'* (*Bachelor of Arts*), que corresponde a la licenciatura y el *'MA'* (*Master of Arts*), que corresponde a la maestría. En ciencias, los diplomas son el *'BSc'* (*Bachelor of Science*) y el *'MSc'* (*Master of Science*). En todos los ámbitos, el *'PhD'* corresponde al doctorado. También hay que recordar la expresión *'to get a distinction'* que significa "obtener una mención".

75

Ponga a prueba sus conocimientos

 ### I. Complete con la preposición correcta:

1. *I've been living here* .... *six months.*
2. *He's good at dealing* .... *people.*
3. *I was in charge* .... *a team of four people.*
4. *She knows a lot* .... *this.*
5. *Try to see this* .... *her point of view.*

II. Ordene las siguientes oraciones partiendo de la primera:

1. *Is there anything you'd like to ask me now?*
2. *Twenty in the first year.*
3. *What are the normal working hours?*
4. *And how many days holiday would I get a year?*
5. *We start at nine and work till six, with an hour for lunch.*

Respuestas:

I. *for - with - of - about - from*   **II.** *1 - 3 - 5 - 4 - 2*

Lugares públicos

1. En la calle

 Pedir información o ayuda

En Gran Bretaña, por lo general comenzamos disculpándonos por molestar a la persona a quien vamos a preguntar algo.

" *Excuse me, have you got the time/do you have the time?*
Disculpe, ¿qué hora tiene?"

" *Sorry to trouble you, but do you have any change for the telephone?*
Disculpe la molestia, ¿tendrá usted algo de cambio para el teléfono?"

" *Excuse me, do you know when the next bus is due?*
Disculpe, ¿sabe a qué hora sale el próximo autobús?"

" *Would you mind giving me a hand with the pram?*
¿Podría ayudarme con la carriola?"

" *Excuse me, could you tell me where the toilets are?*
Disculpe, ¿podría decirme dónde están los servicios?"

" *Excuse me, you haven't seen a small boy in a red coat around, have you? I can't find my son.*
Disculpe, ¿de casualidad no ha visto a un niñito con un abrigo rojo? No encuentro a mi hijo."

" *Excuse me, have you got a light?*
Disculpe, ¿tiene encendedor/tiene fuego?"

(18) Pedir direcciones

" *Excuse me, could you tell me where the nearest post office is?*
Disculpe, ¿podría indicarme dónde está la oficina de correos más cercana?"

" *Excuse me, how do I get to the National Gallery?*
Disculpe, ¿cómo llego a la National Gallery?"

" *Sorry, could you tell me the way to the town hall?*
Perdone, ¿podría decirme cómo llegar al ayuntamiento?"

" *Sorry to bother you, but is this the right way to the station?*
Disculpe que lo moleste, ¿es éste el camino correcto a la estación?"

" *I wonder if you could help me? I'm looking for Park Lane.*
¿Podría ayudarme? Busco Park Lane."

" *Excuse me, do you know how far it is to the hospital?*
Perdone, ¿sabe cuánto falta para llegar al hospital a pie/en coche?"

Dar información

Si alguien nos pide información, podemos darla sin ningún tipo de introducción.

" *The toilets are (UK)/The bathroom is (US) up there, on the left.*
Los baños/servicios están arriba a la izquierda."

" *Turn right at the corner and you'll see the post office opposite. You can't miss it.*
Dé vuelta a la derecha en la esquina y verá la oficina de correos enfrente. No puede perderse."

" *It's next to the school.*
Está a un lado de la escuela."

" Park Lane is the second on your right.
Park Lane es la segunda a mano derecha."

" It's on the opposite side of the road to the town
hall.
Está enfrente del ayuntamiento."

" Go straight on at the traffic lights.
Siga derecho después del semáforo."

" Carry on past the swimming pool.
Siga derecho después de la piscina."

🎧 19 Disculparse por no poder dar información

Las siguientes frases nos permiten explicar que no podemos dar cierta información e indicar a nuestro interlocutor dónde puede obtenerla.

" Sorry, I'm not from around here.
Perdone, no soy de aquí."

" I'm afraid I can't help you, I come from Liverpool.
I don't know London at all.
Me temo que no puedo ayudarlo, vengo de Liverpool.
No conozco Londres."

" Sorry, you're asking the wrong person. I'm from
Colombia!
Disculpe, se dirige usted a la persona equivocada.
¡Vengo de Colombia!"

" Sorry, I don't know. You could try the newsagent's
over there. They might be able to help.
Lo siento, no sé. Pregunte en aquél puesto/quiosco de
periódicos. Allí tal vez puedan ayudarlo."

Pedestrian 1: " Excuse me, do you know this area?
Pedestrian 2:   Quite well, yes.
Pedestrian 1:   I'm looking for the Green Park
                hotel.
                Is it anywhere near here?
Pedestrian 2:   Yes, it's not too far. Can you see
                the supermarket on the corner?
Pedestrian 1:   Yes.

Pedestrian 2:	Well, turn left there and carry on along that road for about five minutes. The hotel is on the right. You can't miss it.
Pedestrian 1:	Thanks a lot. Bye.
Pedestrian 2:	Bye."

Peatón 1:	" Disculpe, ¿conoce esta zona?
Peatón 2:	Sí, muy bien.
Peatón 1:	Busco el hotel Green Park, ¿está cerca de aquí?
Peatón 2:	Sí, no está lejos. ¿Ve ese mercado en la esquina?
Peatón 1:	Sí.
Peatón 2:	Bueno, dé vuelta a la izquierda allí y siga todo derecho durante unos cinco minutos. El hotel está a mano derecha. No puede perderse.
Peatón 1:	Muchas gracias. Hasta luego.
Peatón 2:	Hasta luego."

2. En un restaurante

La reservación/reserva

Ya sea por teléfono o directamente en el restaurante, pueden utilizarse las siguientes frases:

" Do you take bookings/reservations?
¿Aquí pueden hacerse reservaciones/reservas?"

" I'd like to make a reservation for this evening, please.
Me gustaría reservar una mesa para esta tarde, por favor."

" Can I book a table for tomorrow evening for eight people?
¿Puedo reservar una mesa para ocho personas para mañana en la tarde?"

" *Do you have a table free for Saturday night,
around 8 o'clock?*
*¿Tendrá un mesa libre para el sábado por la noche,
alrededor de las ocho?"*

Al llegar al restaurante

Con o sin reservación, siempre se comienza preguntando por la mesa.

" *We have a reservation in the name of Stewart.*
*Tenemos una reservación/reserva a nombre de
Stewart."*

" *I've booked a table for six (people) for 7.30.*
*Reservé una mesa para seis (personas) a las siete y
media."*

" *Do you have a non-smoking section?*
¿Tienen sección de no fumar?"

" *How long will we have to wait for a table?*
*¿Cuánto tiempo tendremos que esperar para que nos
den una mesa?"*

" *Could we have a high-chair, please?*
¿Podría traernos una silla para bebés, por favor?"

⚠️ **En Gran Bretaña es raro que se alimente a los bebés
en público. En cambio, varios lugares públicos ofrecen un
espacio para cambiarlos.**

🎧21 ## La orden

Note que las fórmulas inglesas suelen ser preguntas y
por lo general terminan con *'please'*.

" *Could we have a menu, please?*
¿Podría traernos un menú, por favor?"

" *Could I see the wine list, please?*
¿Podría ver la carta de vinos, por favor?"

" *Do you have any specials on today?*
¿Tienen plato del día?"

" *Do you serve wine by the glass?*
¿Puede pedirse el vino por copa?"

81

" A bottle of the house red, please.
Una botella de vino rojo de la casa, por favor."

" Can we have a bottle of sparkling mineral water,
please?
¿Podría traernos una botella de agua mineral, por
favor?"

" I'd like the soup to start followed by the trout.
Yo quiero sopa de entrada y después una trucha."

" I'm not having a starter.
Yo no quiero entrada."

" I'm just having a main course.
Yo sólo quiero el plato principal."

" Can we see the dessert menu, please?
¿Podríamos ver la carta de los postres, por favor?"

" What flavours of sorbet do you have?
¿Qué sabores de helado tiene?"

" Can I have it rare/medium/well-done, please?
La quiero poco hecha/media/bien cocida, por favor."

⚠ **En Gran Bretaña, por lo general se coce la carne más
tiempo que en otros lugares. Por ello, las equivalencias
son aproximadas.**

Expresar satisfacción por la comida

Estas frases sirven tanto con un anfitrión como en un
restaurante.

" This is delicious/great.
Está delicioso."

" This meat is so tender.
Esta carne está muy suave."

" This fish is cooked to perfection.
Este pescado está en su punto."

" (Send my) compliments to the chef!
¡(Mis) felicitaciones al chef!"

⚠️ **Esta última frase es humorística. Puede emplearse, por ejemplo, para felicitar a algún amigo con un gran talento culinario.**

Expresar disgusto

En ocasiones es necesario reclamar por la comida o el servicio. Las siguientes frases permiten hacerlo de manera amable pero firme.

" *I'm afraid this fish isn't cooked properly.*
Disculpe, este pescado no está bien cocido."

" *Could I have a clean knife, please?*
¿Podría traerme un cuchillo limpio, por favor?"

" *I think there must be some mistake. I asked for the lobster.*
Creo que hubo un error. Yo pedí langosta."

" *Can I see the manager, please?*
Quisiera ver al gerente, por favor."

🎧 22 **La cuenta**

En Gran Bretaña, por lo general no nos traerán la cuenta sino hasta que la pidamos. En un *'caff'* (especie de cafetería), debemos pagar en la caja. Sucede igual en los *'diners'* de Estados Unidos, sólo que allí nos entregarán la cuenta en cuanto terminemos. También debemos saber que en Gran Bretaña se retiran los platos vacíos muy rápidamente y a menudo se sirve el café al mismo tiempo que el postre.

" *Could we have the bill (UK)/Could we get the check (US), please?*
La cuenta, por favor."

" *Has the service already been added?*
¿Ya agregó el servicio?"

" *Is the service included?*
¿El servicio está incluido?"

83

" *Do you take credit cards?*
¿Aceptan tarjetas de crédito?"

En caso de malentendido sobre la cuenta

Si encontramos un error en la cuenta, las siguientes frases nos permitirán aclarar el malentendido.

" *Are you sure this is right? It seems very expensive for what we've had.*
¿Está seguro de que la cuenta está bien? Me parece demasiado por lo que comimos."

" *I think there's some mistake. We didn't have any wine.*
Creo que hay un error. No tomamos ningún vino."

" *It looks like we've been charged for three coffees, but we only had two.*
Parece que nos cobraron tres cafés, pero sólo tomamos dos."

El siguiente es un diálogo típico en un restaurante en el momento de pedir la orden. Hay que notar el uso frecuente de *'please'* y las expresiones interrogativas que se traducen como afirmaciones. Por otra parte, *'yes'* y *'no'* siempre van seguidos de *'please'* o *'thank you'* para parecer menos abruptos.

Waiter:	" *Are you ready to order?*
Customer 1:	*Yes, thanks. Could I have the soup followed by the salmon, please?*
Waiter:	*Certainly. Would you like a side salad with that, madam?*
Customer 1:	*No, thank you.*
Waiter:	*And for you, sir?*
Customer 2:	*I'd like the melon followed by to steak.*
Waiter:	*How would you like your steak done?*
Customer 2:	*Medium-rare, please.*
Waiter:	*OK. And can I get you anything to drink?*
Customer 2:	*Yes. A bottle of the house red and some mineral water, please.*
Waiter:	*Still or sparkling?*
Customer 2:	*Still, please."*

Mesero: " ¿Están listos para ordenar?
Cliente 1:   Sí, gracias. Yo quiero la sopa y después
                 el salmón, por favor.
Mesero: Muy bien, señora. ¿Le gustaría una
                 ensalada de guarnición?
Cliente 1:   No, gracias.
Mesero: ¿Y para el señor?
Cliente 2:   Yo quiero melón y luego un bistec.
Mesero: ¿Cómo desea el bistec?
Cliente 2:   Término medio, por favor.
Mesero: Bien. ¿Puedo traerles algo de tomar?
Cliente 2:   Una botella de vino rojo de la casa y
                 agua mineral, por favor.
Mesero: ¿Con gas o sin gas?
Cliente 2:   Sin gas, por favor."

3. Las compras

Pedir información

Al igual que en la calle, es importante utilizar las fórmulas de cortesía indicadas. En español, las traducciones literales podrán parecer obsequiosas, pero en Gran Bretaña no utilizarlas podría parecer grosero.

" Excuse me, could you tell me where the toy
department is?
Disculpe, ¿podría indicarme dónde está el
departamento de juguetes?"

" Excuse me, could you tell me which department I
need for cushions?
Disculpe, ¿podría decirme en qué departamento están
los cojines?"

" Sorry to bother you, but could you point me in
the direction of the lift (UK)/elevator (US)?
Perdone, ¿podría indicarme dónde queda el
ascensor?"

" Excuse me, which floor are vases on?
Perdone, ¿en qué piso están los jarrones?"

⚠️ **Cuidado, los pisos no se indican de la misma manera en Gran Bretaña y Estados Unidos. Así,** *'ground floor'* **corresponde en inglés británico a 'planta baja',** *'first floor'* **a 'primer piso' y** *'second floor'* **a 'segundo piso'. En inglés estadounidense,** *'first floor'* **corresponde a 'planta baja',** *'second floor'* **a 'primer piso' y** *'third floor'* **a 'segundo piso'.**

" *Excuse me, do you sell/do you have any photo albums?*
Disculpe, ¿venden/tienen álbumes fotográficos?"

" *Sorry, do you work here?*
Disculpe, ¿usted trabaja aquí?"

" *How much are these cups?*
¿Cuánto cuestan estas tazas?"

" *Can I pay by cheque/credit card?*
¿Puedo pagar con cheque/tarjeta de crédito?"

 ## Comprar ropa

Las tallas de zapatos y ropa son diferentes en los países anglosajones. La ropa de mujer no se clasifica igual en Gran Bretaña y Estados Unidos. De cualquier modo, muchas etiquetas indican las tallas europea, británica y estadounidense. Para la ropa de hombre se emplea *'small'*, *'medium'*, *'large'*, *'extra large'*, etcétera.

" *What size are the boots in the window?*
¿De qué talla son las botas en el escaparate?"

" *Does this coat come in any other colour?*
¿Tienen este abrigo en otro color?"

" *Would it be possible to try these trousers on?*
¿Podría probarme este pantalón?"

" Could you show me where the changing rooms are?
¿Podría mostrarme dónde quedan los vestidores?"

" This blouse is too big. Do you have it in a smaller size?
Esta blusa es demasiado grande. ¿La tiene en una talla más pequeña?"

" The sleeves are too long/short.
Las mangas son demasiado largas/cortas."

" Do you do alterations?
¿Hacen arreglos?"

" Excuse me, do you have these jeans in a size 10?
Disculpe, ¿tiene estos jeans en talla 40?"

" Could I try these on in a size 9?
¿Podría probármelos en talla 38?"

Ir de compras

Hay que recordar bien las fórmulas de cortesía. Pedir 'a sliced loaf' como puede pedirse simplemente 'una pieza de pan' podría parecer grosero.

" Six slices of ham, please.
Seis rebanadas de jamón, por favor."

" A white, unsliced loaf, please.
Un pan blanco sin rebanar, por favor."

" Three pounds of tomatoes/Two pints of milk, please.
Tres libras de tomate/Dos pintas de leche, por favor."

⚠ **Si bien el sistema métrico ya se impuso en Gran Bretaña, aún se utilizan las medidas imperiales, sobre todo en la conversación.**

OBSERVACIÓN

A menudo, en los mercados de Gran Bretaña, los comerciantes se dirigen a sus clientes con nombres como *'love'* o *'dear'*. Estas expresiones, aunque se utilizan con afecto en un contexto familiar, no expresan aquí una falta de respeto. Las emplean tanto las mujeres como los hombres y equivalen más o menos a *'marchante'*. No obstante, si las emplea alguna persona que no habla el inglés como lengua materna, podrían parecer fuera de lugar.

4. En el correo y en el banco

En el correo

Después de hacer la fila, llegamos a la ventanilla. En Gran Bretaña, existen dos tipos de estampillas: de primera y segunda clase. Por ello siempre hay que especificar cuál queremos.

" *Ten first class stamps, please.*
Diez estampillas de primera clase, por favor."

" *How much does it cost to send a letter to Canada?*
¿Cuánto cuesta enviar una carta a Canadá?"

" *I'd like to send this by registered post.*
Me gustaría enviarlo por correo certificado."

" *Can I have a postal order for £10, please?*
Quisiera un giro postal de diez libras, por favor."

En el banco

En la fila de espera, cuando sólo queda una persona antes de nosotros, se acostumbra respetar cierta distancia entre nosotros y la persona que está en la ventanilla. Una línea en el suelo o un pequeño tablero indican el espacio donde debemos esperar.

" *Can I change these euros into pounds, please?*
¿Podría cambiar estos euros por libras, por favor?"

" *I'd like to open an account.*
Me gustaría abrir una cuenta."

" *Can I pay these cheques into my account?*
¿Puedo depositar estos cheques en mi cuenta?"

" *I'd like to withdraw £50, please.*
Me gustaría retirar 50 libras, por favor."

" *Can you change this £10 note for ten £1 coins?*
¿Podría cambiarme este billete de diez libras por diez monedas de una libra?"

Bank clerk:	" *Next. How can I help you?*
Customer:	*I'd like to cash some traveller's cheques, please.*
Bank clerk:	*Certainly. Do you have some form of identification?*
Customer:	*Yes. I've got my passport.*
Bank clerk:	*That's fine. If you'd just like to sign them for me. How would you like the cash?*
Customer:	*In ten pound notes, please.*"

Cajero:	" *El siguiente. ¿En qué puedo ayudarlo?*
Cliente:	*Me gustaría cambiar algunos cheques de viajero, por favor.*
Cajero:	*Por supuesto. ¿Tiene una identificación?*
Cliente:	*Sí, tengo mi pasaporte.*
Cajero:	*Perfecto. Fírmelos por favor. ¿Cómo le gustaría el efectivo?*
Cliente:	*En billetes de diez libras, por favor.*"

89

5. Buscar casa

Responder un anuncio

En Gran Bretaña es raro que el tamaño de la vivienda se mencione. Pero cuando se da el caso, se menciona en medidas imperiales, es decir en pies y pulgadas. Para dar una idea del tamaño de un departamento o una casa, se especifica el número de habitaciones.

" *Do you have any three-bedroomed/unfurnished houses to rent?*
¿Tiene en alquiler casas de tres habitaciones/sin amueblar?"

" *I'm ringing/calling/phoning about the flat advertised in yesterday's paper.*
Llamo por el departamento que anunciaron en el periódico de ayer."

" *Is the flat still free/available?*
¿Aún está disponible el departamento?"

" *Do you have any other properties in the area?*
¿Tendrá otras propiedades en la zona?"

Obtener información más amplia

" *How many bedrooms does it have?*
¿Cuántas habitaciones tiene?"

" *Are they doubles or singles?*
¿Son habitaciones para una o dos personas?"

" *Does it have central heating/a garden/a garage?*
¿Tiene calefacción central/jardín/garaje?"

" *Is it furnished or unfurnished?*
¿Está amueblado o vacío?"

" *How much is the rent?*
¿A cuánto asciende el alquiler?"

" *Do you require a deposit?*
¿Requiere un depósito?"

" When do the current tenants move out?
¿Cuándo se van los inquilinos actuales?"

" Is that inclusive of bills?
¿Los servicios están incluidos?"

" Is the council tax included?
¿También incluye los impuestos locales?"

⚠ **Este impuesto lo pagan los inquilinos.**

Hacer una cita para visitar la casa

" When would it be possible to visit the flat?
¿Cuándo podría ver el departamento?"

" It sounds like just what I'm looking for. Can I
come and see it this evening?
Parece justo lo que estoy buscando. ¿Puedo visitarlo
esta tarde?"

Landlord: " Hello.

Flat hunter: Yes. I'm calling about the flat that is
advertised in today's paper. Is it still
available?

Landlord: Yes, it is. Would you like to come and
see it?

Flat hunter: Could you tell me if it is furnished?

Landlord: Oh, yes. Fully furnished, fitted
kitchen, gas central heating and a
small garden at the rear.

Flat hunter: That sounds like just what I'm
looking for. Is 7.30 OK?

Landlord: Actually, could you make it eight?

Flat hunter: That's fine. I'll see you at eight."

Propietario: " ¿Diga?

Inquilino: Buenos días. Llamo por el anuncio del
departamento que apareció en el
periódico de hoy. ¿Aún está libre?

Propietario: Sí. ¿Desea visitarlo?

Inquilino: ¿Podría decirme si está amueblado?

Propietario:	*Sí, completamente amueblado, con cocina equipada, calefacción central de gas y un pequeño jardín en la parte trasera.*
Inquilino:	*Es lo que busco. ¿Está bien a las siete y media?*
Propietario:	*En realidad, me convendría a las ocho.*
Inquilino:	*Excelente. Nos vemos a las ocho."*

OBSERVACIÓN

He aquí algunas abreviaturas utilizadas en los anuncios: *'gch'*, que quiere decir *'gas central heating'* (*'calefacción central de gas'*), *'pcm'* o *'per calendar month'* (*'mensual'*), que quiere decir doce veces al año, y no cada cuatro semanas.

Agreguemos *'n/s'* (*'non-smoker'*) para *'no fumador'* y *'2 bed flat'* (para *'two-bedroom flat'*), que quiere decir *'departamento con dos habitaciones'*.

Ponga a prueba sus conocimientos

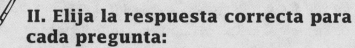 **I. Ordene las siguientes oraciones partiendo de la primera:**

1. *Excuse me. Do you have a moment?*

2. *I'm terribly sorry, sir. Let me get you a new bill.*

3. *Certainly, sir. How can I help?*

4. *What seems to be the problem?*

5. *I think there is some mistake with the bill.*

6. *We've been charged for wine but we only had water.*

II. Elija la respuesta correcta para cada pregunta:

1. ***Excuse me, is this the right way to the bus station?***
   (a) *I'm sorry, I don't drive.*
   (b) *Yes, it's down here on the right.*
   (c) *It's not due for another ten minutes.*
   (d) *I thought it was on the left, not the right.*

2. ***How would you like your steak done?***
   (a) *Properly, please.*
   (b) *As a starter, please.*
   (c) *Rare, please.*
   (d) *What flavours do you have?*

3. ***Do you have this in a larger size?***
   (a) *I'm afraid that's all we have.*
   (b) *The changing rooms are over here.*
   (c) *How can I help you?*
   (d) *I'm afraid it's too small.*

4. *Could we have the bill, please?*
   (a) *Yes, it's down here on the left.*
   (b) *How would you like it done?*
   (c) *Do you have a reservation?*
   (d) *Certainly. I'll bring it over now.*

5. *Is that inclusive of bills?*
   (a) *Yes, service is already included.*
   (b) *It includes everything except the telephone.*
   (c) *Certainly. I'll bring it over now.*
   (d) *Yes, the flat is fully furnished.*

Complete con la preposición correcta:

1. *Do you serve wine* .... *the glass?*
2. *Go straight* .... *at the traffic lights.*
3. *We have a reservation* .... *the name of Marsaud.*
4. *Can I try those shoes* .... *?*
5. *How do I get* .... *the kitchen department?*

Respuestas:

I. *1 - 3 - 5 - 4 - 6 - 2* **II.** *1b - 2c - 3a - 4d - 5a*
III. *by - on - in - on - to*

El teléfono

1. Llamar y responder el teléfono

🎧26 Llamadas personales

Para llamar a un amigo a su casa, pueden utilizarse las siguientes frases:

" *Hi. Can I speak to Paul, please?*
Hola, ¿puedo hablar con Paul, por favor?"

" *Hi. Is Bernard there, please?*
Hola. ¿Está Bernard, por favor?"

" *Hi. This is Silvia. Is Anne around?*
Hola, soy Silvia. ¿Está Anne?"

" *Hi. Is that Maria?*
Hola. ¿Eres María?"

" *Hello. Would it be possible to speak to Sophie, please?*
Buenos días. ¿Podría hablar con Sophie, por favor?"

Llamadas profesionales

Para llamar a un servicio o a un colega o amigo del trabajo, pueden emplearse las siguientes frases:

" *Hello. Is that the Royal Theatre?*
Buenos días. ¿Es el Royal Theatre?"

" *Hello. Could you put me through to the marketing department, please?*
Buenos días. ¿Podría comunicarme con el departamento de mercadotecnia, por favor?"

" *Hello. Could I have extension 395, please?*
Buenos días. La extensión 395, por favor."

⚠️ **En inglés, las extensiones de más de dos cifras se leen cifra por cifra. En el ejemplo anterior, se diría *'extension three, nine, five'.***

Responder el teléfono

" *Hello. 432219.*
Hola, éste es el 43 22 19."

En el trabajo

" *Hello. Harry Green speaking.*
Buenos días, le atiende Harry Green."

" *Hello. Bookings. Can I help you?*
Buenos días, reservaciones/reservas. ¿Puedo ayudarlo?"

⚠️ **En Gran Bretaña, cuando se llama a un servicio, la persona que contesta suele utilizar la siguiente fórmula: *'Hello. You´re through to the accounts department. Anne speaking. How may I help you ?'*. (*'Buenos días, le atiende Anne del departamento de contabilidad. ¿Qué se le ofrece?'*).**

Responder cuando nos llaman por nuestro nombre

" *Speaking.*
Él/Ella habla."

" *This is he/she (US).*
Él/Ella habla."

Philip:	" *Hi. Can I speak to Jill please?*
Jill:	*Speaking.*
Philip:	*Hi, Jill. It's Philip.*
Jill:	*Hi, Philip. How are you?*
Philip:	*Fine, thanks."*

Philip:	" *Hola. ¿Puedo hablar con Jill, por favor?*
Jill:	*Ella habla.*
Philip:	*Hola, Jill. Soy Philip.*
Jill:	*Hola, Philip. ¿Cómo te va?*
Philip:	*Muy bien, gracias."*

27 Transmitir una llamada

" *I'll just get him/her for you.*
Te lo/la paso."

" *Can I ask/say who's calling?*
¿De parte de quién?"

" *Who's calling, please?*
¿Quién habla, por favor?"

" *Just one moment. I'll put you through.*
Un momento. Lo comunico."

" *Hang/Hold on. I'll try to connect you.*
No cuelgue. Lo comunico."

Si transmitir la llamada resulta imposible

" *I'm sorry. She's not here today. Would you like to leave a message?*
Lo siento, hoy no vino. ¿Desea dejar un mensaje?"

" *I'm afraid he's not at his desk at the moment. Can I get him to call you back?*
No está en su oficina en este momento. ¿Quiere que le llame más tarde?"

" *I'm afraid she's on another call. Would you like to hold?*
Está atendiendo otra llamada. ¿Desea esperar?"

Dejar un mensaje

" *Can I leave a message?*
¿Puedo dejar un mensaje?"

" *Could you give him a message?*
¿Podría darle un mensaje?"

" *Would you ask her to call me? She has my number.*
¿Podría pedirle que me llame? Ella tiene mi número."

" *Could you tell her I called?*
¿Podría decirle que la llamé?"

" *Would you ask her to call me on 557846?*
¿Podría decirle que me llame al 55 78 46?"

Receptionist:	" *Good morning. Smith Brothers. Can I help you?*
Caller:	*Could you put me through to extension 287, please?*
Receptionist:	*Hold the line, please... I'm afraid that number's currently busy. Would you like to hold?*
Caller:	*Would it be possible to leave a message?*
Receptionist:	*Of course.*
Caller:	*Could you tell Diana Jones that Patrick Bond called?*
Receptionist:	*Certainly. Does she have your number?*
Caller:	*Let me give it to you again, just in case.* "

Recepcionista:	" *Smith Brothers, buenos días. ¿En qué puedo ayudarlo?*
Quien llama:	*Me comunica con la extensión 287, por favor.*
Recepcionista:	*No cuelgue... La línea está ocupada. ¿Podría esperar?*
Quien llama:	*¿Puedo dejar un mensaje?*
Recepcionista:	*Por supuesto.*
Quien llama:	*¿Podría decirle a Diana Jones que la llamó Patrick Bond?*
Recepcionista:	*Claro. ¿Tiene su número?*
Quien llama:	*Se lo doy, de cualquier modo.*"

2. Problemas de comunicación telefónica

Ya sea que la línea esté mal o que nuestro interlocutor hable una lengua desconocida, las siguientes frases serán de utilidad para corroborar que entendimos bien lo que dijo nuestro interlocutor:

" *I'm sorry. I didn't catch that. This is a really bad line.*
Disculpe, no escuché. La línea es muy mala."

" *Could you say that again?*
¿Podría repetirlo?"

" *Could you spell that for me?*
¿Podría deletrearlo?"

" *Was that 'M' for 'Maria' or 'N' for 'Nicolas'?*
¿Es con M como en María o N como en Nicolás?"

" *I'm sorry. Could you repeat the first part of the number again, please?*
Perdone, ¿podría repetir la primera parte del número, por favor?"

3. Disculparse por un número equivocado

Cuando nosotros llamamos

" *I'm sorry. Wrong number.*
Disculpe, número equivocado."

" *Sorry. I've got the wrong number.*
Perdone, marqué mal."

" *I'm terribly sorry. I must have dialled the wrong number.*
Disculpe, debí marcar mal."

Cuando nosotros contestamos

" *I'm sorry. I think you must have the wrong number.*
Disculpe, creo que marcó un número equivocado."

" *Are you sure you've got the right number? There's no one here by that name.*
¿Está seguro de que marcó el número correcto? Aquí no vive nadie con ese nombre."

4. Terminar la llamada

Para despedirnos de nuestro interlocutor, podemos utilizar una de las siguientes frases:

" *Thanks for calling.*
Gracias por llamar."

" *Speak to you soon.*
Hasta pronto."

" *I have to go. Someone's trying to get through on the other line.*
Debo irme. Tengo otra llamada."

" *Can I call you back? Someone's at the door.*
¿Puedo llamarte más tarde? Alguien toca a la puerta."

5. El teléfono celular

Algunas frases útiles

Hay algunas diferencias de uso entre los teléfonos fijos y los celulares. Las siguientes frases se utilizan cada vez más en Gran Bretaña, donde el mercado de los teléfonos celulares está casi saturado.

" *I'm on my mobile.*
Te hablo desde mi celular."

" *I'm sorry. You're breaking up.*
Disculpa, casi no te oigo."

" *I'm sorry. The reception's really bad.*
Perdón, la recepción es muy mala."

" *If we get cut off, I'll call you back.*
Si se corta, te vuelvo a llamar."

" *Can you text me the number?*
¿Puedes enviarme el número en mensaje de texto?"

" *I called her three times but I keep getting her voicemail.*
La llamé (a ella) tres veces pero siempre respondió el correo de voz."

6. Los contestadores

Grabar un mensaje

" *Hello. This is 483397. I'm afraid there's no one here to take your call right now but please leave your name and number and we'll get back to you as soon as possible. Thanks for calling.*
Hola. Éste es el 48 33 97. No estamos para responder su llamada, pero si deja su nombre y teléfono, nos comunicaremos en cuanto sea posible. Gracias por llamar."

" *Hi. You're through to Anne and Marc. Please leave a message after the tone. If you want to send a fax, please press 5 now.*
Hola. Estás llamando a Anne y Marc. Por favor deja un mensaje después del tono. Para enviar un fax, marca el 5 ahora."

Dejar un mensaje

" *Hi, Marc. This is Peter. /It's Peter here. Just wondering if you and Anne are free for dinner next Friday. Give me a call back when you get this message. Bye.*
Hola. Marc. Soy Peter. Llamo para invitarlos a cenar, a Anne y a ti, el próximo viernes. Llámame en cuanto escuches este mensaje. Adiós."

" *Hello. This is a message for Patrick Martin. Could you call Claire Richard on 476998? Thank you.*
Hola. Éste es un mensaje para Patrick Martin. ¿Podría usted llamar a Claire Richard al 47 69 98? Gracias."

OBSERVACIÓN

Los números de teléfono se leen cifra por cifra, marcando una pausa después de la clave. Por ejemplo, *'01237 456789'* se lee *'oh, one, two, three, seven. Four, five, six, seven, eight, nine'*. Si una cifra se repite, se utiliza la fórmula *'double'*. Por ejemplo, *'01237 456678'* se lee *'oh, one, two, three, seven. Four, five, double six, seven, eight'*.

Ponga a prueba sus conocimientos

I. Complete con el verbo correcto:

1. Could you .... me through to the accounts department, please?
2. I'm afraid the line's busy. Would you like to .... ?
3. He's not here today. Can I .... a message?
4. Could you .... him a message?

II. Complete con una de las siguientes preposiciones: 'for' 'to' o 'on':

1. Was that 'A' .... 'apple'?
2. Would you ask her to call me .... 376589?
3. Thanks .... calling.
4. I'll try .... connect you.
5. I'll just get her .... you.

Respuestas:

I. put - hold - take - give II. for - on - for - to - for

1. El género

En inglés, los sustantivos no tienen género gramatical y los artículos definidos (*the*) e indefinidos (*a/an*) son invariables. Algunos sustantivos tienen una forma masculina y una femenina (*steward/stewardess*).

2. El plural

En general, la marca del plural es una −*s*.

pen/pens, house/houses, car/cars.

En algunos casos debe modificarse el sustantivo para formar su plural.

(wo)man/(wo)men, child/children, tooth/teeth, mouse/mice

Algunos sustantivos conservan la misma forma en singular y en plural.

sheep, deer, fish, aircraft, series, species

3. Numerables y no numerables

Los sustantivos numerables son aquellos que poseen un singular y un plural, y que pueden contarse. Pueden estar precedidos por *a/an*, *the*, *some* o por un número.

Singular: *a book, the book, one book*

Plural: *some books, the books, three books*

Los sustantivos no numerables no tienen plural. Se refieren a un conjunto de objetos, a materiales, nociones abstractas o estados. Pueden estar precedidos por *some*: *water, furniture, money, food, work, happiness.*

Los artículos

1. El artículo indefinido

¿*a* o *an*?

El artículo *a* se utiliza antes de una consonante: *a car, a job, a year.*

También se utiliza delante de un nombre que comience con una vocal pronunciada [j] o [w], o delante de una 'h' aspirada: *a university, a one-way ticket, a house, a husband.*

El artículo *an* se utiliza delante de una vocal o una 'h' muda: *an animal*, *an architect*, *an hour*, *an honour*.

2. El artículo definido

Uso

The es el artículo definido que se utiliza para todos los nombres, tanto en singular como en plural. Corresponde a él, la, los, las en español. Se utiliza para indicar que se está hablando de algo o alguien específico o único.

" *I can't find the dictionary.*
No encuentro el diccionario."

Ausencia de artículo

La ausencia de artículo delante de los sustantivos indefinidos y de los definidos en plural destaca la naturaleza 'genérica' del sustantivo.

" *I hate fish.*
Detesto el pescado."

Los adjetivos

Los adjetivos son invariables: *a tall man/a tall woman*, *a friendly dog/friendly dogs*.

Los adjetivos calificativos se colocan siempre delante del sustantivo que califican: *a beautiful house*, *expensive shoes*.

⚠ ¡Atención!

Los gentilicios se escriben con mayúscula.
French wine, *English humour*.

El comparativo y el superlativo

1. El comparativo de los adjetivos

Existen tres categorías de comparativos:

- – el comparativo de superioridad (más... que);
- – el comparativo de inferioridad (menos... que);
- – el comparativo de igualdad (tan... como).

" *He is taller than you.*
Él es más grande que tú."

" *She is more intelligent than her sister.*
Ella es más inteligente que su hermana."

" *The cassette is less expensive than the CD.*
El casete es menos caro que el CD."

" *The book is as expensive as the CD-Rom.*
El libro es tan caro como el CD-ROM."

El comparativo de superioridad puede construirse de dos formas. En general, se agrega *–er* a los adjetivos cortos y se antepone *more* a los adjetivos largos.

taller, shorter, quicker, pero *more intelligent, more expensive, more beautiful.*

2. El superlativo de los adjetivos

Existen dos categorías de superlativos:

– el superlativo de superioridad (el/la/los/las más...);

– el superlativo de inferioridad (el/la/los/las menos...).

Los superlativos se contruyen agregando *–est* a los adjetivos cortos y anteponiendo *most* (de superioridad) o *least* (de inferioridad) a los adjetivos largos. En ambos casos, el adjetivo va precedido por *the.*

" *The tallest man.*
El hombre más alto."

" *The most expensive book.*
El libro más caro."

⚠ ¡Atención!

El comparativo y el superlativo de algunos adjetivos son irregulares.

adjetivo	comparativo	superlativo
bad	*worse*	*the worst*
far	*farther/further*	*the farthest/furthest*
good	*better*	*the best*

Los pronombres personales

Forma

		Pronombre sujeto	Pronombre objeto
Singular			
1ra. persona		*I*	*me*
2da. persona		*you*	*you*
3ra. persona	masculino	*he*	*him*
	femenino	*she*	*her*
	indefinido	*one*	*one*
	neutro	*it*	*it*
Plural			
1ra. persona		*we*	*us*
2da. persona		*you*	*you*
3ra. persona		*they*	*them*

El posesivo

1. El caso posesivo

En español, un vínculo de posesión se indica mediante la cosa poseída + de + el poseedor; en inglés, el nombre del posesor va seguido por −'s + el nombre de la cosa poseída.

" *Paul's mother.*
La madre de Paul."

" *The boss's office.*
La oficina del jefe."

⚠ ¡Atención!

Cuando los nombres en plural terminan en −*s*, el nombre del poseedor va seguido por el apóstrofe y después el nombre de la cosa poseída.

" *My parents' car.*
El auto de mis padres."

2. Los adjetivos y pronombres posesivos

		Adjetivo posesivo	Pronombre posesivo
Singular			
1ra. persona		my	mine
2da. persona		your	yours
3ra. persona	masculino	his	his
	femenino	her	hers
	indefinido	one's	
	neutro	its	
Plural			
1ra. persona		our	ours
2da. persona		your	yours
3ra. persona		their	theirs

El adjetivo posesivo se coloca antes del sustantivo. El pronombre posesivo se utiliza en lugar de la construcción adjetivo posesivo + sustantivo cuando este último ya ha sido mencionado o no es necesario repetirlo.

" *That's his car and this is mine.*
Ése es su auto y éste es el mío."

Expresar el presente

Existen dos formas de presente:

1. El presente simple
Formación

Se utiliza la base verbal en todas las personas a excepción de la tercera del singular, a la cual se agrega una –s.

Forma de base: *work*

singular: *I/you work; he/she/it works* y *we/you/they work* en plural.

El verbo *to be* (ser o estar) es irregular:

I am (yo soy/estoy); *you are* (tu eres/estás); *he/she/it is* (él/ella/ello es/está); *we are* (nosotros somos/estamos); *you are* (ustedes son/están); *they are* (ellos/ellas son/están).

Uso

Por lo general, el presente simple corresponde al presente del indicativo en español.

⚠ ¡Atención!

En inglés, las subordinadas introducidas por *if*, *when* o *after* con valor de futuro utilizan el presente simple.

" *I'll go on holiday when I have enough money.*
Iré de vacaciones cuando tenga suficiente dinero."

2. El presente continuo

Formación

El presente durativo se construye con el auxiliar *to be* en presente + la base verbal terminada en *-ing*.

I am; *you are*; *he/she is*; *we are*; *you are*; *they are* + *studying computing* (Yo estudio/él/ella estudia informática).

Uso

El presente continuo se emplea para hablar de un acontecimiento que sucede durante un periodo limitado que incluye el momento presente:

" *At the moment I am working as a waitress.*
Por ahora trabajo como mesera."

También se utiliza para expresar un acontecimiento que está sucediendo o se está llevando a cabo.

" *She is talking to a customer.*
Ella está hablando con un cliente."

Indica que la acción se produce en el momento presente:

" *It is raining.*
Llueve/Está lloviendo."

Puede tener un valor de futuro cuando se trata de un proyecto que no tardará en realizarse:

" *We're moving house next Friday.*
Nos mudaremos el próximo viernes."

El participio pasivo

Las formas del participio pasivo de los verbos regulares son siempre iguales. Basta con agregar *–ed* a la base verbal: *finished*, *worked*, *talked*, *answered*, *looked*, *seemed*.

Cuidado, existen algunos verbos irregulares.

Expresar el pasado

Existen dos tiempos principales para hablar del pasado en inglés: el pretérito, el 'verdadero' tiempo del pasado, que habla de un acontecimiento terminado, y el perfecto, que describe un pasado 'relativo', es decir un acontecimiento terminado que tiene consecuencias medibles y palpables en el presente.

1. El pretérito simple

Formación

Las formas del pretérito de los verbos regulares son siempre iguales y corresponden a las del participio pasivo.

Uso

El pretérito simple se utiliza cuando el acontecimiento pertenece por completo al pasado y existe una ruptura en relación con el momento presente. Corresponde al pretérito en español.

" *I designed all the software for the traffic flow system in Milan.*
Yo diseñé todos los programas del sistema de circulación en Milán."

El pretérito simple se utiliza con indicaciones de tiempo precisas como la hora, la fecha o expresiones como *on Monday*, *last night*, *two years ago*, *yesterday*, etcétera.

" *I graduated in Modern Languages and Business Studies two years ago.*
Me gradué en Letras modernas y Administración hace dos años."

2. El *present perfect* (antepresente)

Formación

have o *has* (tercera persona del singular) + participio pasivo.

Uso

El present perfect se utiliza cuando existe una relación entre un acontecimiento del pasado y la situación presente:

" *During the course of my work at Zappa Telescopics, I've become familiar with laser technology.*
Desde que trabajo en Zappa Telescopics me he familiarizado con la tecnología láser."

Con los verbos de estado, el present perfect expresa algo que comenzó en el pasado y continúa en el momento presente:

" *He has looked ill for quite a while.*
Hace mucho que se ve enfermo."

Se utiliza cuando el acontecimiento se sitúa en un pasado relativamente vago, sin indicaciones temporales:

" *Have you seen the latest Russell Crowe film?*
¿Ya vio usted la última película de Russell Crowe?"

Con expresiones como *so far, until now, yet, not yet, ever, never, already, recently,* este tiempo indica la idea de 'hasta ahora':

" *I've never visited Japan.*
Nunca he visitado Japón."

" *I haven't been to London yet.*
Aún no he estado en Londres."

También se emplea para expresar desde cuándo ocurre cierta situación, lo cual corresponde en español al presente del indicativo + desde. Desde se traduce como *for* (para expresar la duración) o *since* (para expresar un punto de partida).

" *I have known Michelle for twenty years.*
Conozco a Michelle desde hace veinte años."

" *I have known Michelle since 1982.*
Conozco a Michelle desde 1982."

3. El *past perfect* o *pluperfect* (antepretérito)

Formación

had + participio pasivo.

Uso

El uso de este tiempo corresponde por lo general al del antecopretérito en español: indica que un acontecimiento del pasado es anterior a otro también pasado.

" *He had already worked abroad before he began working at the embassy.*
Ya había trabajado en el extranjero antes de empezar a trabajar en la embajada."

4. *Used to*

Esta expresión se traduce con el copretérito en español.

Se emplea para hablar de algo que ocurrió en el pasado durante algún tiempo y que ya terminó. Expresa la idea de 'antes' o 'en otro tiempo'.

" *He used to be responsible for all of the technical operations of the Nausica wreck project.*
Era el responsable de todas las operaciones técnicas en el proyecto del naufragio del Nausica."

El futuro

En inglés no existe el futuro como tiempo gramatical, pero hay varias formas de expresar lo que ocurrirá en el porvenir. Las diferentes maneras de expresar el futuro reflejan diferentes grados de probabilidad, o bien indican si se trata de un futuro más o menos próximo.

1. *will* o *shall* + base verbal

Will y *shall* se sustituyen a menudo con su contracción –*'ll*.

Shall sólo se utiliza en la primera persona (singular o plural).

" *I'll ask him to call you back.*
Le pediré que le llame."

2. *to be going to* + base verbal

" *They're going to buy a new car.*
Van a comprar un auto nuevo."

To be going to go a menudo se reduce a *to be going*:

" *We're going to the Lake District in July.*
Vamos (a ir) a la región de los Lagos en julio."

3. *to be to/be about to* + base verbal

" *The train is about to leave.*
El tren está a punto de partir."

⚠ ¡Atención!

En las subordinadas introducidas por *if*, *when* o *after* con valor de futuro, se utiliza el presente simple en inglés.

" *I'll go on holiday when I have enough money.*
Iré de vacaciones cuando tenga suficiente dinero."

Los auxiliares

En inglés se utilizan auxiliares para expresar el tiempo, la voz, la negación, la interrogación y el modo.

To be se utiliza para formar la voz pasiva y las formas durativas. Note que la voz pasiva en inglés suele traducirse como voz activa en español.

" *The bread was bought this morning.*
El pan fue comprado esta mañana/Se compró pan esta mañana."

To have se utiliza para construir las formas compuestas de los tiempos:

" *When he had given up work, he felt much happier.*
Cuando dejó de trabajar se sintió mucho más feliz."

To do + base verbal se utiliza para formar las frases negativas, interrogativas o enfáticas.

En presente se emplea *do/does*. Para la forma negativa se emplea *don't/doesn't* (contracciones de *do/does not*).

" *It doesn't get any better.*
Esto no mejora."

" *Do you know everybody?*
¿Conoce usted a todos?"

En pretérito se emplea *did* y *didn't* (contracción de *did not*).

Los auxiliares modales son *can*, *could*, *may*, *might*, *must*, *shall*, *should*, *will* y *would*. Se utilizan para expresar un punto de vista: la posibilidad o la probabilidad (*can*, *could*, *may*, y *might*, poder), lo que conviene hacer (*must, shall* y *should*, deber) o bien la voluntad (*will* y *would*, querer).

" *Could we meet some other time?*
¿Podríamos vernos algún otro día?"

" *May I make a suggestion?*
¿Puedo hacer una sugerencia?"

" *You must stop working now.*
Debe dejar de trabajar en este momento."

" *Shall I close the window?*
¿Quiere que cierre la ventana? (= ¿Debo cerrar la ventana?)"

"   *I think John should find another flat.*
Creo que John debería buscar otro departamento."

Uso

Los modales simplemente se anteponen a la base verbal:

"   *Can you repeat that please?*
¿Podría repetirlo por favor?"

En presente tienen la misma forma en todas las personas:

"   *You may/she may get the job.*
Puede ser que usted/ella obtenga el trabajo."
"   *She may return home tomorrow.*
Puede ser que ella regrese mañana."

Algunos modales no pueden emplearse en pasado o futuro. En dado caso deben sustituirse con un equivalente:

"   *I don't know if I'll be able to unlock the door.*
No sé si podré abrir la puerta."
"   *He had to take a day off because he didn't feel well.*
Tuvo que tomarse un día libre porque no se sentía bien."

To be, *to have*, *to do* y los modales pueden contraerse, en especial si se combinan con la negación *not* que siempre se coloca detrás del auxiliar.

Hacer preguntas

1. Cómo formar las preguntas

Para hacer una pregunta en inglés debe utilizarse un auxiliar.

Si el verbo es un auxiliar, basta con hacer la inversión: auxiliar + sujeto.

"   *Are you an engineer?*
¿Es usted ingeniero?"
"   *Is he here on business?*
¿Está aquí por negocios?"

Si el verbo principal no es un auxiliar, debe utilizarse la construcción: auxiliar + sujeto + verbo:

"   *Have you worked abroad?*
¿Usted ha trabajado en el extranjero?"
"   *Could I use the bathroom?*
¿Podría usar el baño?"

Cuando no hay auxiliar, deben emplearse *do* o *does* en presente, y *did* en pretérito, seguidos por la base verbal.

" *Do you know everybody?*
¿Conoce usted a todos?"

" *Did you have a good trip?*
¿Tuvo usted un buen viaje?"

2. Las palabras interrogativas

Los pronombres interrogativos

Por lo general se colocan al inicio de una frase, pero pueden estar precedidos por una preposición.

" *Who lives at number 11 Downing Street?*
¿Quién vive en Downing Street 11?"

" *Who/Whom do you see more often, Susie or Jane?*
¿A quién ves más seguido, a Susie o a Jane?"

" *Whose car is parked outside my house?*
¿De quién es el auto estacionado delante de mi casa?"

" *Which one do you want?*
¿Cuál quieres?"

Otras palabras interrogativas

" *How are you?*
¿Cómo está usted?"

" *How do you like your coffee, black or white?*
¿Cómo toma el café, solo o con leche?"

" *When do they go on holiday?*
¿Cuándo se van de vacaciones?"

" *Where does she live?*
¿Dónde vive ella?"

" *Why does he go to Scotland?*
¿Por qué él va a Escocia?"

⚠ ¡Atención!

En inglés, para preguntar cómo es alguien o algo, no puede utilizarse *how*, debe emplearse *what ... like*.

" *What's the new boss like?*
¿Cómo es el nuevo jefe?"

Cantidades

Para preguntar por una cantidad en inglés se utiliza *how much* + singular y *how many* + plural.

" How much money have you got?
¿Cuánto dinero tiene usted?"

" How many hours did you spend working on this project?
¿Cuántas horas pasó usted trabajando en este proyecto?"

Los verbos con partícula
o *phrasal verbs*

Los verbos compuestos en inglés son muy numerosos. Existen los verbos preposicionales, que se forman con la base verbal seguida por una preposición y un complemento, y los verbos con partícula o phrasal verbs, es decir, los que se forman con la base verbal seguida por una partícula adverbial (*up*, *down*, *off*, etcétera) que forma parte integral del verbo y cambia su sentido original.

Por ejemplo, compare:

" She always brings flowers.
Ella siempre trae flores."

" She's bringing up three children under five.
Ella está criando tres hijos menores de cinco años."

" He makes candles.
Él hace velas."

" He made the story up.
Él inventó esa historia."

" I gave the children five pounds.
Le di cinco libras a los niños."

" Why did you give up?
¿Por qué se dio usted por vencido?"

Un mismo *phrasal verb* puede tener varios sentidos:

" Turn the TV on.
Enciende la televisión."

" They turned up late.
Ellos llegaron tarde."

La partícula es a menudo un adverbio de lugar que se coloca inmediatamente después de la base verbal:

" Do sit down.
Siéntese usted."

Algunos *phrasal verbs* se construyen con una preposición y un complemento, lo cual otorga al verbo otro sentido. Compare:

To put up curtains (colgar las cortinas), *to put up a guest* (alojar a un invitado), *to put up with a situation* (soportar una situación).

⚠ ¡Atención!

Cuando el complemento de objeto es un nombre, puede colocarse antes o después de la partícula:

" *Turn the radio off/Turn off the radio.*
Apaga la radio."

Si es un pronombre, debe colocarse antes de la partícula:

" *Turn it off.*
Apágala."

Cuando hay dos partículas, éstas permanecen pegadas al verbo:

" *She came up with a brilliant idea.*
Ella tuvo una idea genial."

Cuando el *phrasal verb* va seguido de otro verbo, éste es un gerundio:

" *I gave up smoking.*
Dejé de fumar."

Es aconsejable optar por el *phrasal verb* y no por el verbo inglés más cercano a su equivalente en español, como por ejemplo *to give up* en lugar de *to abandon*, *to find out* en lugar de *to discover*.

Lista de los principales *phrasal verbs* que pueden utilizarse en lugar de sus equivalentes cercanos en español: *to go in* (entrar), *to go up* (subir), *to go down* (bajar), *to look at* (mirar), *to set off* (partir), *to break off* (separar).

Verbos irregulares más comunes

1. Primera categoría

El pretérito y el participio pasivo de estos verbos tienen la misma forma. He aquí algunos de los más frecuentes:

bring	brought	keep	kept
buy	bought	build	built
dream	dreamt	find	found
feel	felt	hold	held

have	had	learn	learnt
hear	heard	light	lit
leave	left	make	made
lend	lent	meet	met
lose	lost	read	read
mean	meant	sell	sold
pay	paid	stick	stuck
say	said	understand	understood
send	sent	stand	stood
sit	sat	tell	told
sleep	slept	think	thought
spend	spent	win	won

2. Segunda categoría

En inglés estadounidense, una de las formas del participio pasivo de *to get* es *gotten*.

Entre estos verbos hay algunos que sólo tienen una forma irregular (*to show, showed, shown*).

El pretérito y el participio pasivo tienen formas diferentes. He aquí una lista no exhaustiva de estos verbos:

Base verbal	Pretérito	Participio pasivo
be	was/were	been
become	became	become
begin	began	begun
choose	chose	chosen
do	did	done
drink	drank	drunk
eat	ate	eaten
fly	flew	flown
forget	forgot	forgotten
give	gave	given
ring	rang	rung
run	ran	run
show	showed	shown
sing	sang	sung
speak	spoke	spoken
swim	swam	swum

Base verbal	Pretérito	Participio pasivo
wear	wore	worn
break	broke	broken
come	came	come
drive	drove	driven
fall	fell	fallen
forbid	forbade	forbbiden
get	got	got
go	went	gone
know	knew	known
ride	rode	ridden
see	saw	seen
steal	stole	stolen
take	took	taken
wake	woke	woken
write	wrote	written

3. Tercera categoría

Estos verbos, de una sola sílaba, terminan en –d o –t y tienen una misma forma para la base verbal, el pretérito y el participio pasivo:

cost, *cut*, *hit*, *hurt*, *let*, *put*, *set*, *shut*.

La contracción

Las contracciones de *to be* y de los auxiliares se utilizan al hablar y al escribir, en un tono familiar. En las oraciones afirmativas, sólo *to be*, *to have*, *will/shall* y *would* poseen contracciones. Todos los auxiliares, salvo *may*, tienen contracciones que incorporan la negación *not*.

Las contracciones se utilizan en oraciones interrogativas negativas:

Can't you find it?

Doesn't he agree?

En las oraciones afirmativas, sólo las formas del presente tienen contracción:

I'm going; you're going; he's/she's going; we're going; they're going.

En el caso de *to have*, las formas del presente y del pasado tienen contracciones: *They've got a flat in Paris, She's gone away, I'd decided to go.*

La contracción de *will* y *shall* es *'ll*: *I'll come tomorrow, it'll be all right.*

La contracción de *would* es *'d*: *He said he'd help me, I'd rather have tea.*

En las oraciones negativas, las contracciones de *to be, to have* y *to do* son las siguientes:

to be: *are not/aren't, was not/wasn't, is not/isn't, were not/weren't.*

Cuidado, en la primera persona del singular, la contracción se basa en *am* (*'m*) mientras que *not* permanece entero: *I'm not sure what to do.*

to have: *have not/haven't, has not/hasn't, had not/ hadn't.*

to do: *do not/don't, does not/doesn't, did not/didn't.*

En el caso de los auxiliares modales *can, could, might, must, shall, should, will* y *would*, las contracciones son las siguientes:

can/can't

La forme negativa no contraída se escribe en una sola palabra: *cannot.*

could/couldn't, might/mightn't, must/mustn't, shall/shan't, should/shouldn't, will/won't, would/wouldn't.

Índice

Esta obra se terminó de imprimir en junio de 2009,
en los talleres de Litográfica Ingramex, S.A. de C.V.
Centeno 162–1, Col. Granjas Esmeralda,
C.P. 09810, México, D.F.